중국의
민주주의는
어떻게
가능한가

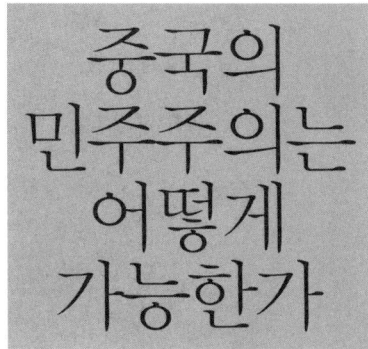

중국의 민주주의는 어떻게 가능한가

중국의 논의

이희옥 · 장윤미 책임 편집

중국은 서구 민주주의가 놀라운 장점을 가지고 있고 일정한 위업을 달성했음에도 불구하고 민주주의를 탈(脫) 신화화할 필요가 있다고 인식

한다. 즉 좋은 의미 체계를 지닌 모든 것을 민주주의라는 바구니에 넣는 다면 민주주의는 실질적인 정체(polity)나 지배수단이 아니라 하나의

이데올로기에 불과하다는 것이다. 이런 점에서 중국학계는 데모크라시(Democracy)를 새롭게 해석한다. 이들 의 눈에는 데모크라시의 최초

중국어 번역은 '민주'였지만, 그것은 '인민이 주인'이라기보다는 '인민의 주인(民之主)'을 선출한다는 '선주(選主)'의 의미 가 강했다는 것이

다. 그리고 역사적으로도 '민주'는 애초의 '나쁜 것'에서 '좋은 것'으로 변화했고 심지어 당시 정치엘리트들은 민주주의를 두려워했 으나, 민

중의 요구를 역진시킬 수 없었기 때문에 수동적으로 수용한 것으로 보았다. 뿐만 아니라 대의제도도 '분권적 견제와 균형'을 표방했으나 자유경 쟁 선거에서 다수의 참정기회가 사실

상 제한되었고, 보통선거도 귀족적 성격 을 지니고 있다는 한계를 지적했다. 요컨대 '자유, 헌정, 대의, 선거, 다원' 등의 서구

적 민주주의의 개념은 광의의 민주를 구속하는 '새장(鳥籠)속 민주 주의'로 간주했다. 반면 중국은 혁명을 통해 사회주의 국

가의 정당성을 획득했고, 마르크스 국가론의 관점에서 '민주가 곧 전정(專政)'이라는 논리 속에서 일당체제를 유지했다. 이

것은 '분권적' 견제와 균형과는 대비되는 '분업적' 견제와 균 형을 의미하는 것이다. 중국식 민주의 또 하나의 중요한 특징은

가치 또는 이념체계로서의 민주와 도구적 성격의 '민주'를 구분하고 있는데   그 핵심은 '누가 지배하

는가' 보다는 '어떻게 지배하는가'를 주목하는 것으로 도구적 특질이 강했다.

차례

중국에서의 민주주의 문제

　제18차 중국공산당 대회와 제12기 전국인민대표회의를 계기로 제5세대 지도부가 출범했다. 이 체제는 돌발변수가 없는 한 대체로 중국정부가 설정한 '관건적 시기'인 2022-2023년까지 지속될 것이다. 특히 이 시기는 창당 100년을 맞는 중국공산당의 성과를 정리하는 때와 맞물려 있다. 그러나 새로운 지도부에 놓인 과제는 산적해 있다. 무엇보다 사회주의 정체성을 강조하고 있음에도 불구하고 지니계수를 비롯한 불평등지수는 이미 임계점에 도달했다. 그 결과 밑으로부터의 요구가 분출하고 있으며 사회주의에서의 민주주의를 묻기 시작했다. 이것은 비단 해외망명객들이나 학계 일각의 논의가 아니라 공산당 내로 옮겨 붙었다. 제5세대 지도부의 출범을 알린 18차 전당대회에서도 '중국특색'이라는 수식어를 붙였지만, 사회주의 정치발전을 견지하고 정치체제 개혁을 추진할 것을 명시했다.

　중국에서 '민주'문제는 더 이상 유예할 수 없는 단계로 진입했다. 사무엘 헌팅턴은 일찍이 1인당 GDP가 1천달러에서 3천달러 사이에 이르면 자유화와 민주화의 압력을 받는다는 '민주적 이행지대(democratic transition zone)'을 설정한 바 있다. 그러나 중국은 2012년 말 이미 1인당 GDP가 5,432달러를 넘어섰다. 이러한 추세라면 중국이 모든 국가가 예외없이 시장경제와 자유주의 체제를 채택하는 1인당 8천 달러에 진입하는 것은 시간문제이다. 이 무렵 중국도 경로의존을 따라갈 것인지, 아니면 중국적 길이라는 중국예외주의(China exceptionalism)를 보여줄 것인가를 명확히 판단하기는 어렵다. '민주주의'의 문제를 우회할 수는 없겠지만 그러나 서구적 경로를 따라가지는 않을 것이라는 전망이 만만치 않다.

실제로 중국은 현재의 위기를 타개할 출구전략으로서 '민주'를 적극적으로 논의하기 시작했다. 더 이상 중국정치에서 '민주'는 금기어가 아니며, '실험 후 확산'이라는 방식을 통해 다당제와 삼권분립을 제외한 '민주'의 폭과 범위를 확대하고 있다. 한계는 있지만 기층(基層)민주, 당내민주, 선거민주도 부분적으로 성과를 거두었다. 이러한 중국에서의 민주 논의는 천안문 사건을 계기로 큰 변화가 있었고 그 이후에도 여러 차례의 고비가 있었다. 특히 2007년 이후 '중국식 민주'에 대한 논쟁은 새로운 현상이다. 이 무렵은 중국부상에 따른 체제의 자신감, 경제적 업적에 의한 정당성 확보, 국제사회의 압력에 대한 대응경험을 통해 서구적 프리즘을 크게 의식하지 않고 공산당 일당지배를 유지하면서 새로운 민주모델을 찾는 특징을 지니고 있다. 대체적으로 중국식 민주는 '사회주의 틀 내의 민주(democracy within socialism)' 또는 사회주의적 민주(socialist democracy)가 핵심이고 그 방법론은 점증주의(incrementalism)와 점진주의(gradualism)라고 할 수 있다. 그리고 구체적인 실현형태는 인민민주와 협상민주를 결합하여 사회주의적 민주를 구현하는 것이다.

중국식 민주의 논리

엄밀한 의미에서 서구의 민주주의와 중국의 민주주의를 비교할 수 있는 적절한 준거는 없다. 이런 점에서 중국식 민주가 적극적으로 논의된 것은 중국모델이 하나의 실체로 등장하고 중국식 담론이 대항담론으로 발전하면서 부터이다. 중국은 서구 민주주의가 놀라운 장점을 가지고 있고 일정한 위업을 달성했음에도 불구하고 민주주의를 탈(脫)신화화할 필요가 있다고 인식한다. 즉 좋은 의미체계를 지닌 모든 것을 민주주의라는 바구니에 넣는다면 민주주의는 실질적인 정체(polity)나 지배수단이 아니라 하나의 이데올로기에 불과하다는 것이다.

이런 점에서 중국학계는 데모크라시(Democracy)를 새롭게 해석한다. 이들의 눈에는 데모크라시의 최초 중국어 번역은 '민주'였지만, 그것은 '인민이 주인'이라기보다는 '인민의 주인(民之主)'을 선출한다는 '선주(選主)'의 의미가 강했다는 것이다. 그리고 역사적으로도 '민주'는 애초의 '나쁜 것'에서 '좋은 것'으로 변화했고 심지어 당시 정치엘리트들은 민주주의를 두려워했으나, 민중의 요구를 역진시킬 수 없었기 때문에 수동적으로 수용한 것으로 보았다. 뿐만 아니라 대의제도도 '분권적 견제와 균형'을 표방했으나 자유경쟁 선거에서 다수의 참정기회가 사실상 제한되었고, 보통선거도 귀족적 성격을 지니고 있다는 한계를 지적했다. 요컨대 '자유, 헌정, 대의, 선거, 다원' 등의 서구적 민주주의의 개념은 광의의 민주를 구속하는 '새장(鳥籠)속 민주주의'로 간주했다.

반면 중국은 혁명을 통해 사회주의 국가의 정당성을 획득했고, 마르크스 국가론의 관점에서 '민주가 곧 전정(專政)'이라는 논리 속에서 일당체제를 유지해왔다. 이것은 '분권적' 견제와 균형과는 대비되는 '분업적' 견제와 균형을 의미하는 것이다. 중국식 민주의 또 하나의 중요한 특징은 가치 또는 이념체계로서의 민주와 도구적 성격의 '민주'를 구분하고 있는데 그 핵심은 '누가 지배하는가' 보다는 '어떻게 지배하는가'를 주목하는 것으로 도구적 특징이 강했다. 이것은 중국이 대중의 정치참여를 허용할 것인가 하는 것 보다는 정치과정에 진정한 대중참여가 이루어지고 있는지, 그리고 투입

(in-put)요소와 함께 정부정책이 시민의 필요와 요구와 입장을 반영하는 산출 (out-put)요소를 동시에 주목하고 있다. '백성이 누리는 것(民享)'이 민주주의 에 가깝다는 것이다.

이렇게 보면 중국은 중국공산당이 누구를 대표하고 대중이 국가를 '얼마 나' 지지하는가 라는 지표를 통해 평가하고 있다. '정치(政治)'도 정의로운 (justice) 지배나 올바른(righteousness) 지배로 사용되는 것이지 다수결과 인민 의 정부로 사용되는 것은 아니라는 것이다. 이것은 중국의 정치문화에서 다수에 대한 신뢰는 여전히 낯설다는 것이고 서구적 의미의 민주에 대한 문화적 합의수준이 낮다는 것을 의미한다. 실제로 중국 인민들은 현행 정치 제도와 경제제도에 대해 상대적으로 우호적이고 민주에 대한 전망도 비교적 낙관적이다. 따라서 자유, 시민사회, 민주를 강조하는 서구적 시각은 효율적 국가에 대한 몰이해에 기초해 공공권위를 제약하는 데에만 초점을 맞추고 있다고 비판하고 있다.

이러한 중국식 민주는 경제발전과 정치발전의 관계에 대한 '새로운' 해석 에서도 나타난다. 여기에는 두 가지 대립적인 견해가 있다. 하나는 민주주의 는 국가권력이 약화되면서 장기적이고 전략적 계획에 의한 투자가 힘들다는 주장이다. 다른 하나는 민주국가만이 장기성장을 위해 투자할 수 있고 합법 성을 가진 정부만이 강하고 안정적이며 제도적 측면에서도 거래비용을 줄인 다고 보고 있다.

주류적 중국 사회과학자들은 편차가 있으나 경제발전과 정치발전에 대한 근대화론을 비판적으로 접근하고 있다. 그 근거는 다음과 같다. 첫째, 민주의 규범에 관한 것이다. 즉 '민주는 좋은 것'을 대체적으로 수용하고 중국도 민주를 실현해야 한다고 주장하고 있으나, '민주는 좋은 것'을 어떻게 증명할 것인가 하는 점이다. 둘째, 정치체제로서의 민주주의가 최근 200년 동안 '좋 은 것'으로 변화되었다고 볼 때, 그 변화가 '민(民)'의 개념의 변화인지, '주 (主)'의 방식의 변화인지에 대한 설명이 명확하지 않다는 것이다. 셋째, 다양한 민주주의의 존재방식이 있다면, 어떤 민주주의에 '좋은 것'이 더 많이 있는가를 찾을 필요가 있다. 넷째, 민주주의의 실제적 작동원리에서 보면 민주적 원칙에 부합하지 않는 경우를 구분해야 한다는 것이다.

이런 맥락에서 '중국식 민주'의 논리를 추론하면 현실에 나타났던 '가장 나쁘지 않는' 체제로서의 민주주의를 개조하여 '좋은 체제'를 모색하고자 하는 것이다. 물론 여기에는 몇 가지 전제가 있다. 첫째, 민주화와 민주주의 공고화(democratic consolidation)를 구별하는 것이다. 민주화는 일종의 비민주적 체제에서 민주적 체제로 전환하는 것이지만, 민주화가 곧 민주주의 공고화는 아니다. 둘째, 민주주의의 질적인 측면을 고려해야 한다. 즉 대다수 사람들이 이를 수용했다고 해서 모든 민주국가가 좋은 것은 아니라는 점에서 민주발전의 조건과 발전의 상관관계를 밝혀야 한다. 셋째, 민주주의를 결과와 국가능력의 관점에서도 측정할 필요가 있다. 역사적으로 보면 민주주의는 유무(有無)가 아니라 정도의 문제였다. 현재 논의되는 민주는 주로 경쟁과 참정권이라는 투입부문에 집중되어 있다는 점을 비판적으로 접근하고 있다. 요컨대 중국에서의 경제발전이 정치문화, 계급구조, 국가―사회관계를 변화시키고 중간조직이 등장했다는 점은 인정하고 있으나, 경제발전과 정치발전은 선형관계가 아니라 N자형 상관관계만이 존재한다는 것을 분명히 하고 있다.

중국식 민주의 경로: 증량민주(incremental democracy)

중국의 개혁개방정책은 민주에 대한 인식을 새롭게 바꾸었다. 특히 소련과 동유럽의 몰락에 대한 당내의 학습과정을 거친 1995년부터 좀 더 전향적인 인식을 보여주었다. 이것은 중국당정의 공식보고서인『민주정치건설백서』에서 나타난다. 여기에서는 '민주'를 인류 정치문명 발전의 성과이자 세계 각국 인민의 보편적 요구이며, 서구적 맥락에서 보편타당한 것이 아니라 전체 세계가 공동으로 형성한 문명의 산물이라는 점을 강조하고 있다. 이것은 서구만이 민주의 가치를 독점하는 것이 아니며 중국 사회주의의 독자성을 강화하려는 의도와 관련되어 있다. 구체적으로는 공산당이 지도하는 인민민주, '인민이 주인이 되는(人民當家做主)' 민주, 인민민주독재에 근거하고 이를 보장하는 민주, 근본적인 조직원칙과 활동방식으로 민주집중제를 채택하고 있다.

후진타오 체제가 등장한 이후 '민주'에 대한 또 한 번의 변화가 있었다. 이 시기에는 이미 민주에 대한 상당한 토론이 유연하게 전개되었고 이론적 수렴도 나타났다. 당시 이론적, 정책적 흐름은 다음과 같다. 첫째, 새 지도부가 등장하면서 새로운 통치이념으로 민본주의(以人爲本)를 강조했다. 둘째, 오랫동안 자본주의의 부산물로 여겨졌던 '인권'을 주목하여 2004년 헌법 전문에 '인권보호조항'을 삽입했다. 셋째, 법치(rule of law)를 강조하고 법치정부를 수립할 것을 제기했다. 넷째, 시민의 사유재산권은 국가와 집체소유와 동등하게 보호받는다는 것을 헌법에 명시했다. 다섯째, 기존의 물질문명과 정신문명과 함께 정치문명이 국가목표라는 것을 강조했다. 여섯째, 시민사회 논의가 확대되었고 시민조직이 합법화 되었다. 마지막으로 중국전통문화의 중요한 구성요소였던 조화(和諧)사회를 강조하면서 이를 국가의 기본 강령으로 채택했다. 국제적으로도 정보통신의 발전으로 인해 외부와 소통하는 방식이 다양해지면서 중국의 민주적 상황에 대한 국제사회의 시선을 의식하면서 민주 자체를 배척하지는 않았다.

특히 위커핑(兪可平)은 2006년 '민주는 좋은 것(democracy is a good thing)'이라는 글을 발표하면서 '민주' 논의를 다시 공론의 장에 올려놓았다. 당시는 중국 개혁개방의 성과를 확인하면서 체제에 대한 자신감이 증대된 시점이었고 중국공산당이 혁명당에서 집권당으로 전환하면서 권력의 장악에서 권력의 유지로 목표가 전환되는 시기였다. 중국공산당은 이러한 새로운 민주관의 출현을 '중국특색 사회주의 민주정치'로 설명했다. 시진핑 체제의 정치발전의 원리로도 유지되고 있는 이 논의의 가장 큰 특징은 정치적 권리를 확장하기 위해 점진적 개혁방식을 사용하는 이른바 '증량민주'이며 그 핵심은 다음과 같다. 첫째, 중국의 민주는 증량적 발전에 의존한다. 둘째, 민주적 발전은 정치발전에서 때때로 '돌파(breakthrough)'를 야기할 것이다. 셋째, 대중의 이익을 감소시키지 않고 가능한 한 많은 정치적 이익을 증가시킨다. 증량민주개혁은 '파레토 최적(Pareto optimum)'을 추구하는 것으로 모든 인민대중이 개혁의 성과를 향유해야 한다. 넷째, 동태적 정치안정(dynamic stability)이 정태적 정치안정을 대체할 것이다. 다섯째, 시민의 정치참여를 높이고 '질서있는' 민주를 형성한다. 여섯째, 민주와 법치의 관계는 동전의 양면이다.

　이러한 증량민주는 중국공산당의 집권이 영속적이지 않기 때문에 점증하는 시민사회의 요구를 수용하면서 발전해야 한다는 것이었다. 이를 위한 로드맵은 먼저 당내민주를 통해 사회민주를 자극하는 것이다. 두 번째 단계는 기층민주와 상층(高層)민주의 양자 전략을 주목하면서 기층민주를 더욱 확산하는 것이다. 세 번째 단계는 제한경쟁에서 더 많은 경쟁으로 이동하면서 대중의 정치적 선택 범위를 넓혀나가는 것이다.

　이러한 기반 속에서 열린 18차 당대회에서는 민주정치 건설의 중요성을 다시 한 번 강조했다. 그 요지는 의회의 기능전환, 협상민주주의의 도입, 기층민주제도의 보완, 법에 따른 지배, 권력에 대한 감독체계 구축 등이다. 이러한 새로운 분위기는 학계의 정치발전 논의를 자극하면서 거버넌스(治理), 정부혁신, 증량민주, 투명한 정부, 책임정부, 서비스정부, 효율정부와 같은 다양한 논의들로 발전했고 이것이 제3차 '중국식 민주' 논의의 기반이 되었다. 요컨대, 중국의 공식적인 민주인식은 민주를 '좋지 않은 것'에서 '좋은 것'으로 변화했고 경쟁선거와 정치참여의 확대, 민주적 권리 보장, 인민들의 권력에 대한 견제와 균형, 법치의 실시, 시민의식의 성장이 필요하다는 점을 강조하기에 이르렀다.

중국식 민주의 목표: 사회주의적 민주(Socialist Democracy)

중국식 민주의 방법론이 증량민주와 점진민주라면, 그 목표는 사회주의의 틀 내에서 민주를 발전시키는 것이다. 이를 둘러싼 논쟁은 다양한 방법으로 전개되었다. 일반적으로 사회주의와 민주주의와의 관계를 다루는 범주는 인민민주, 당의 영도, 민주집중제, 사회주의 법제 등 네 가지이다. 중국 공산당 내의 당내민주의 목표는 인민민주를 완전화(完善)하기 위한 것이다. 이를 위해서는 당이 영도하여 민주'집중'제를 '민주'집중제로 전환시키고, 이 모든 것을 법제화하여 법의 지배가 이루어져야 한다는 것이다. 이러한 사회주의 민주는 과학적 사회주의에 입각하고 자본주의 국가의 민주주의를 비판적으로 흡수했기 때문에 '민주'의 보편적 관점에 부합한다고 주장한다. 사회주의적 민주는 자유주의적 민주를 비판하는 한편 경제민주와 사회민주를 제기하여 민주의 범위를 확장하는 것이라고 주장하고 있다. 이를 좀 더 넓게 해석하면 사회주의 민주의 핵심이 '형식'의 정치자유, '진정한' 경제 그리고 사회민주에 있다는 주장도 있다.

중국에서 사회주의와 민주의 관계에 대해서는 '사회주의 민주'와 민주사회주의(democratic socialism), 사회민주주의(social democracy) 등의 논의가 있다. 가오팡(高放) 등은 기존 사회주의 민주의 범주를 적극적으로 확장하기도 했으나, 그 핵심은 사회주의 내의 절차적 민주화나 공산당 지도 내에서의 견제와 균형을 강조하는 것이었다. 심지어 그가 주장한 사회주의 다당제론도 공산당 지도원칙을 훼손하지 않으면서 다당제 효과를 확산하고자 했다는 점에서 사회주의 틀 내의 혁신론이라고 볼 수 있다. 이런 점에서 사회주의 민주에 대한 보다 진전된 시각은 민주사회주의의 '민주'개념에서 찾을 수 있다. 이것은 당정의 사회주의 해석의 틀 내에 있으면서도 그 범주를 확장하고 있다는 점에서 중국식 민주 논의를 확장하는 데 중요한 함의를 제공한다. 이 논의는 인민대학 부총장이었던 시에타오(謝韜)를 통해 본격화되었다. 그

요지는 다음과 같다. 첫째, 민주헌정의 틀 내에서 대중의 이익을 대변함으로써 장기적 집정경험을 축적한다. 둘째, 경제건설과정에서 효율과 공평을 통일시키고 함께 부유해지는 경험을 실현한다. 셋째, 노사관계를 정확히 처리하여 노동자와 기업가의 적극성을 동원하여 노사쌍방의 이익을 동시에 실현한다. 넷째, 특권계층이 출현하는 것을 효과적으로 방지하고 관료가 특권을 이용해 사적 이익을 추구하고 비리를 저지르는 것을 단절시켜 청렴한 정치경험을 유지한다.

요컨대 민주사회주의는 민주헌정이 핵심이고 혼합사유제, 사회주의 시장제도, 복지보장제도를 결합한 것이다. 그리고 어떤 제도의 우열을 판단하는 것은 이론의 문제가 아니라 실천의 문제이다. 실천은 진리를 검증하는 유일한 기준이다. 오직 민주헌정만이 근본적으로 집권당의 부패를 해결할 수 있으며, 민주사회주의만이 중국을 구할 수 있다. 이러한 민주사회주의론에 대해 사회주의 민주론의 주류로부터 비판이 제기되었다. 즉 민주사회주의의 '민주'는 실질적으로는 공산당 정권은 '비민주'라는 것을 의미하기 때문에 마르크스주의의 범주에 속하지 않으며, 수정주의로도 볼 수 없다는 것이다. 또한 비주류(자유주의)로부터의 비판도 제기되었다. 이들은 '마르크스주의는 항상 참이다'는 것에 동의하지 않고 헌정민주에 대한 이론적 기여는 주로 로크, 몽테스키외 등 자유주의 사상가들에 의해 제기되었다고 강조하면서 민주사회주의론이 헌정민주주의를 강조하는 것에 큰 의미를 부여하지 않았다. 무엇보다 이들 이론이 기대고 있는 사회민주당은 이러한 민주주의에 대한 이론적 기여가 부족했고, 다양한 소유제의 병존에 대한 현실적 대안이 없다고 비판했다.

중국은 민주사회주의를 수용하지는 않았지만, 중국형 사민주의의 모색 또는 서구 사민주의가 표방했던 많은 제도적 요소를 검토하고 있는 것도 사실이다. 특히 생산수단의 공유제가 사회개조의 유일·절대의 방법이 아니며, 농업·수공업·소매업·중소기업 등 중요한 부문의 사적 소유와 양립할 수 있다고 보았다. 즉 공유는 여러 수단의 하나일 뿐이라는 본래의 의미를 벗어나 최후의 수단으로 크게 축소되었다.

중국식 민주의 평가

중국에서 '민주'의 목표는 다당제나 삼권분립과 같은 서구적 민주주의를 도입하는 것이 아니다. 그리고 중국이 빠른 시기 내에 '체제이행의 함정'에 빠지기 보다는 적어도 권위주의-다원주의가 지속되거나 당국가체제가 '그럭 저럭 유지'(muddling through)될 것으로 본다. 중국당정도 '민주화'가 최대의 도전이라는 것을 인식하고 있으며, 정치개혁을 강조하고 실제로 다양한 중국 식 민주조치를 실시했다. 어떤 면에서는 중국이 자기 자신에 대한 가장 엄중 한 비판자가 되어 자신의 약점을 깊이 연구했다고 볼 수 있다. 이런 점에서 중국의 민주논의가 단순한 '시간벌기'나 정치개혁을 유보하기 위한 것이 아 니라 좀 더 적극적인 지향성을 지니고 있다. 실제로 지도부의 종신제 폐지와 임기제 도입, 개인의 자유와 사회의 자주적 범위의 확대, 당정분리와 행정부 에 대한 당의 간섭 최소화, 전국인대의 기능개선, 지방자주권 확대, 농촌에서 의 촌민자치와 도시의 주민위원회와 공동체(社區)조직의 발전, 비정부조직의 기능강화 등은 이러한 결과이다.

또한 담론 수준에서도 '민주'에 대한 이론적 분화가 나타났다. 서구의 자유 주의에 가까운 '자유민주'에서부터 마오쩌둥 시기의 대민주(grand democracy) 구상에 이르기까지 이념적 스펙트럼이 넓다. 이 속에는 당내민주선행론, 헌정 민주발전론, 기층민주건설론, 증량민주발전론, 협의민주발전론, 자유민주론, 민주사회주의론, 사회주의 다당제 등이 포함되어 있다. 그러나 크게 보면 중국의 국정(國情)을 반영한 '사회주의 민주'라는 현실론을 중심으로 이론적으 로 재편되어 있다. 그 현실론은 서구의 '다수결 민주주의'에 대한 비판적인식에서 출발한 협상민주로 빠르게 확산되었다. 그리고 선거민주와 협상민주를 결합하여 발전시킨 '중국특색 사회주의'로 수렴하고 있다.

이처럼 중국식 민주 논의의 대원칙은 '공산당 지배의 틀'이다. 이 틀 내에서 다양한 민주적 조치에 대한 '질서(有序)'와 '양적 축적(存量)'을 강조하는 것이다. 더구나 2008년 미국의 금융위기로 인해 자본주의와 미국 패권의 한계를 목격하면서 민주란 외부로부터 이식되는 것이 아니며, 복수의 근대가 존재할 수 있다고 믿게 되었다. 따라서 중국에서 새로운 체제변화가 나타난다 하더라도 그것이 반드시 자유민주체제가 아니라 공고화되지 않은 민주주의(unconsolidated democracy)나 비자유적 민주주의(illiberal democracy) 또는 전혀 새로운 것일 수도 있다.

그러나 중국식 민주는 비교정치학의 맥락에서 비판을 받을 요소가 다분히 있다. 우선 사회주의 민주와 증량민주로 대변되는 주류 민주담론은 동아시아 발전국가들이 추구했던 '민주화에 앞선 제도화'의 틀과 크게 차이가 없다. 둘째, 사회주의가 무엇인가 하는 점이다. 중국식 민주의 핵심이 '사회주의 민주'라면, 무엇이 '사회주의'인가에 대한 해석이 필요하다. 현실적으로는 계급지배와 공공소유제가 크게 후퇴한 상태에서 사회주의 개념을 추상의 영역이 아니라 현실의 영역에서 재해석할 필요가 있다. 셋째, 민주와 독재(專政)에 대한 모호한 위상이다. 마르크스주의 국가론의 '전정(專政)'은 일종의 과도기적 개념이며, 현실적으로 법치와 인권을 훼손하고 있다. 넷째, 정치과정의 투명성의 한계이다. 이를 위해서는 좀 더 개방적인 시장을 가질 필요가 있다. 시장에 대한 개방과 민주적 통제 없이는 중국식 민주의 정당화를 담보하기 어렵다. 다섯째, '사회주의' 국가와 초보적으로 형성되고 있는 시민사회와의 관계 정립의 문제이다. 이를 위해 기존의 법의 지배, 헌정주의(constitutionalism)의 방향을 실질적으로 전환해야 한다. 여섯째, 민주가 민생과 결부된 문제라면, 전국의료보험체계, 전국적 소득세 부과, 교육제도 개선, 농촌지역 거주자에 대한 교육기회의 제공, 사회적 합의에 기초한 산아 제한정책의 폐지 등을 통한 '민주'의 정책화가 필요하다.

이 책에서 소개된 학자들과 견해는 대부분 중국내에서 활동하거나 중국내부의 논의와 깊은 관련을 가지고 있다. 그러나 중국에서의 민주주의에 대한 담론논의에 참여하는 학자들을 넓게 포괄하고자 노력했으나, 중국내의 논의는 명확한 갈래로 구분하기 쉽지 않고 다른 주장에 대한 반론이 적다는 점에서 명료한 주장의 차이를 발견하기 어렵다는 한계가 있었다. 이런 점을 고려하여 중국 민주주의의 넓은 이념적 스펙트럼을 큰 틀에서 반영하고자 했다. 대체적으로 중국당정의 입장과 궤를 같이하고 있는 '중국식 민주론'을 중심으로 좀 더 인민민주주의적 관점에서 사회주의내의 민주(democracy in socialism)를 주장하는 견해, 새로운 길이나 제3의 길을 적극적으로 모색하는 견해, 민주주의 논의에 국가역할을 강조하는 견해 그리고 좀 더 자유주의적 지평을 열고자 하는 견해로 구분해서 정리했다.

그러나 이 책은 처음부터 이런 구성 속에서 진행된 것은 아니었다. 함께 모여 읽고 공부하는 과정에서 이들 주장 사이에는 어떤 차이가 있고 어떤 유사성이 있는지를 검토하는 과정에서 선정했다. 그리고 중국내에서 논의되는 모든 논의를 포괄하는 것이 현실적으로 어렵다는 점에서 일단 학문적 흐름을 중심으로 중국 민주 논의의 핵심을 포괄하고자 했다. 이런 점에서 시민사회나 중국 밖의 논의를 넓게 포괄하지 못했고 그만큼 아쉬움도 있다.

이 책은 원래 동아시아학술원의 HK사업단 리서치 클러스트(동아시아와 한중관계: 책임자 이희옥)의 세미나의 일환으로 시작되었다. 약 2년 동안 이 분야에 관심이 있던 중국연구자들이 거의 매달 모여 중국의 민주주의에 대한 다양한 학자들의 견해를 함께 읽고 토론했던 결과물이다. 이미 잘 알려진 음악을 들으면 귀가 즐거워질 때가 많지만, 듣다 보면 좋아지는 음악도 있다. 우리의 공부 모임은 공부하면서 더욱 즐거워졌던 것으로 기억한다. 이것은 학문적 우애라고 할 만한 것이다. 이러한 솔직한 분위기 속에서 여전히 모호한 중국 '민주주의'에 대한 다양한 고민과 견해를 중국내부의 흐름을 통해 보면서 중국의 민주를 지나치게 단순화하거나 지나친 중국식 편향을 동시에 지양하면서 우리식으로 중국식 민주를 비판적으로 읽어왔다. 이 책에 소개 된 모든 글은 동아시아지역 연구소(현 성균중국연구소)가 발행한 계간지『동 아시아 브리프』에 2년여에 걸친 기획연재 형태로 소개되었다. 이후 책을 출판하는 과정에서 책의 형식에 맞게 수정하고 보완했으며 새로운 평가를 추가한 것이다. 이 책에 참여한 집필자들은 모두 여덟 분이다. 이중에서 전 성흥 교수는 '위커핑', 이민자 교수는 '친후이, 류샤오보, 왕샤오광', 이홍규 교수는 '가오팡, 왕구이슈, 팡닝', 이종화 교수는 '류쥔닝, 차오쓰위안', 김도 희 교수는 '정용녠', 이문기 교수는 '캉샤오캉, 판웨이', 이희옥 교수는 '딩쉐 량, 씨에타오', 장윤미 교수는 '추이즈위안, 장무성, 허바오강'을 각각 담당 했다.

이 책이 나오기까지 동아시아학술원의 신승운 원장님과 이영호 교수의 따뜻한 배려와 지원이 있었고, 무엇보다 필자와 함께 전체적인 책을 기획하 고 정리한 동아시아학술원 장윤미 연구교수의 성실함과 헌신에 힘입은 바 크다. 이 책이 중국 내부의 다양한 목소리를 듣는 작은 출발점이 되는 한편 우리가 살고 있는 사회에 '좋은 민주주의(good democracy)'를 고민하고 연구 하는 분들에게도 좋은 참고가 되길 바란다. 독자여러분의 아낌없는 질정을 바란다.

창경궁 화사한 봄꽃이 보이는 성균중국연구소에서 이희옥 씀.

::1부
사회주의에서의
민주주의를 고민하다

중국은 서구 민주주의가 놀라운 질김을 가지고 있고 일정한 위업을 달성했음에도 불구하고 민주주의를 탈(脫)신화화할 필요가 있다고 인식한다. 즉 좋은 의미체제를 지닌 모든 것을 민주주의라는 바구니에 넣는 다면 민주주의는 선결적인 정체(polity)나 지배수단이 아니라 하나의 이데올로기에 불과하다는 것이다. 이런 점에서 중국학계는 데모크라시(Democracy)를 색다르게 해석한다. 이들 의 눈에는 데모크라시의 최초 중국어 번역은 '민주'였지만, 그것은 '인민이 주인'이라 기보다는 '인민의 주인(民之主)'을 연출한다는 '신주(君主)'의 의미 가 강했다는 것이다. 그리고 역사적으로도 '민주'는 애초의 '나쁜 것'에서 '좋은 것'으로 변화했고 심지어 당시 정치엘리트들은 민주주의를 두려워했 으나, 민중의 요구를 억진시킬 수 없었기 때문에 수동적으로 수용한 것으로 보았다. 뿐만 아니라 대의제도도 '분권적 건제와 균형'을 표방했으나 자유경 쟁 선거에서 다수의 참정기회가 사실상 제한되었고, 보통선거도 귀족적 성격 을 지니고 있다는 한계를 지적했 다. 요컨대 '자유, 헌정, 대의, 선거, 다원' 등의 서구적 민주주의의 개념은 광의의 민주를 구축하는 '세장(憲藏)속 민주 주의'로 간주했다. 반면 중국은 혁명을 통해 사회주의 국가의 정당성을 획득했고, 마르크스 국가론의 관점에서 '민주가 곧 전정(專政) 이라는 논리 속에서 일당체제를 유지해왔다. 이것은 '분권적' 건제와 균형과는 대비되는 '분업적' 건제와 균 형을 의미하는 것이다. 중국적 민주의 또 하나의 중요한 특징은 가치 또는 이념체계로서의 민주와 도구적 성격의 '민주'를 구분하고 있는데 그 핵심은 '누가 지배하는가' 보다는 '어떻게 지배하는가'를 주목하는 것으로 도구적 특징이 강했다.

가오팡(高放)의 '사회주의다당제론'

　　2012년 현재 85세의 노학자인 가오팡(高放) 중국인민대학교 명예교수는 중국에서 매우 저명한 정치학자로 공인받은 지식인이다. 무엇보다도 그는 사회주의자로서의 입장을 줄곧 견지해왔다. 이는 그의 이력과 무관치 않다. 1946년 베이징대학에 입학한 그는 젊은 시절부터 학생운동에 적극 참여했고 특히 1947년 6월에는 중국 공산당 지하당이 조직한 민주청년동맹(民主青年同盟)에 가입하여 베이징대 지부 책임자를 맡은 바 있었다. 1950년부터는 중국의 마르크스주의 교육기관으로 만들어진 중국인민대학교에서 국제공산주의 운동사와 마르크스주의 이론 등을 가르치고 관련 연구를 활발히 해왔다. 1990년 중국 공산당 중앙과 국무원의 결정으로 그는 중국 사회에 큰 공헌을 한 전문가나 학자들에게 부여하는 정부특수지원금 대상이 되었으며, 2009년 에는 중국의 인문사회과학 영역에서는 처음으로 일급(一級) 교수의 칭호를 받아서 이공계의 원사(院士)급의 학술적 영향력을 갖추었다는 공인을 받았다.

이렇게 보면, 가오팡 교수는 중국의 관방 학계를 대표하는 학자로 보일수도 있겠다. 그러나 중국의 민주주의와 정치개혁 문제와 관련하여 그의 관점은 매우 독특하면서도 중요한 위상을 차지하고 있다. 사실, 그의 관점의 핵심은 20여 년 동안 반복적으로 주장한 '사회주의다당제론'에 있다. 그는 1987년 "사회주의국가의 정당 제도를 논하다― 사회주의다당제에 관한 나의 의견(論社會主義國家的政黨制度 ― 關於社會主義多黨制之我見)"이란 논문[1]을 처음 발표하여 큰 반향을 일으켰다. 당시는 덩샤오핑(鄧小平)이 정치체제 개혁의 가속화를 주장하던 분위기였고 정치개혁 문제가 이미 1987년 10월의 중국 공산당 13차 당 대회의 핵심 이슈로 선정되어 있었기 때문에 가오팡의 논문은 큰 주목을 받았다. 특히 다당제는 자본주의의 정치제도로 등식화되어 왔던 당시의 상황에서 사회주의 국가도 일당제가 아니라 다당제를 채택했어야 한다는 취지의 가오팡의 주장은 매우 과감한 논의였기 때문이다.

물론 1987년 가오팡의 초기 사회주의다당제론은 선거 경쟁을 허용하는 경쟁적 다당제가 아니라 공산당 일당의 집권을 보장하되 다른 정당 세력과의 협의와 협력을 중시하는 다당합작제(多黨合作制)를 의미했다. 가오팡은 당시 자본주의 국가의 다당제도 사실상 일당 지배 하의 다당 협력 구도가 많음을 지적하면서 중국의 '공산당 영도 하의 다당합작제' 역시 다당제로 불릴 수 있음을 지적한 바 있었다.[2] 그러나 이는 보수파가 개혁파의 정치개혁안에 강하게 반대하고 덩샤오핑도 다당제 수용 불가를 공언했던 당시의 정치적 분위기 하에서 자신이 주장하는 사회주의 다당제가 자본주의의 다당제와 근본적으로 다름을 인정받기 위한 고육책이었던 것으로 보인다.[3] 최근 그는 사회주의 다당합작제를 사회주의 다당제로 가기 위한 과도기적 경로로 제시하고 있기 때문이다.

이후 가오팡은 2000년에 '사회주의 다당제' 시리즈 2탄에 해당하는 "사회주의 국가의 정당 제도를 다시 논하다-사회주의 다당제에 관한 새로운 견해(再論社會主義國家的政黨制度 ― 關於社會主義多黨制之新見)"란 논문[4]을 다시 발표하여 1987년의 입장을 크게 심화 발전시켰다. 가오팡은 특히 이 글에서 사회주의 다당제 주장의 근거로서 사회주의 이념과 사회주의 체제의 역사적 경험, 그리고 중국 사회주의의 역사적 경험 등의 세 가지 차원에서 사회주의 다당제가 사회주의 발전의 온당한 경로임을 논증하고 있다.

첫째, 마르크스주의의 이념적 측면에서 본 사회주의다당제 채택의 정당성과 관련하여 저자는 마르크스주의에서 구상한 사회주의경제가 사회주의일당제를 필요로 한다는 필연성은 타당하지 않은 논리라고 비판한다.

저자는 우선 사회주의가 자본주의를 지양한다는 것은 자본주의가 이룩한 성과를 계승하는 기반 위에서 자본주의를 뛰어넘는 성과를 이루는 것임을 의미한다고 주장한다. 즉, 사회주의는 자본주의의 시장경제 뿐 만 아니라 자본주의의 민주공화제와 다당제라는 정치적 성과를 기본적으로 계승한 기반 위에서 사회주의를 건설해야 한다는 것이다. 다만 그는 사회주의 다당제가 단순히 자본주의 다당제를 모방하는 것이 아니라 자본주의 다당제의 장점은 취하고 단점은 버리는 '지양'의 방식으로 새롭게 만들어져야 한다고 본다.

가오팡은 마르크스의 사회주의 구상 역시 본래 러시아나 중국과 같은 경제발전 수준이 낮은 개발도상 국가가 아니라 선진자본주의 국가를 대상으로 한 것이며 (선진)자본주의가 사회주의로 전환하게 되면 계급이 소멸할 것으로 간주되었기 때문에 마르크스의 사회주의 체제는 '일당제'나 '다당제'가 아니라 '국가와 정당의 소멸'을 상정한 것임을 상기시킨다. 그런데 실제 사회주의 혁명은 선진국이 아니라 개발도상국에서 이루어졌고 따라서 마르크스주의의 이론에서는 이러한 개도국 사회주의는 곧바로 계획경제를 취할 수 있는 상황이 아니라 상품시장경제가 발전해 있는 사회주의초급단계를 경유해야 한다고 본다. 따라서 이러한 개도국의 사회주의초급단계에서는 이에 조응하는 정치체제를 구축해야 하는데 이는 사회주의일당제가 아니라 다원화된 이익을 제대로 대표할 수 있는 사회주의다당제라고 보는 것이다.

자본주의 개도국이 일당제를 통해, 즉 개발독재 체제를 통해 경제발전과

과학기술 발전을 가속화한 만큼 사회주의 개도국도 일당제를 취해야 한다는 반박 논리에 대해서도 가오팡은 일당제를 추진한 자본주의 국가도 결국은 다당제로 전환하였다고 반박하고 있다. 일당제는 자본주의 정당체제에서도 일반화된 체제가 아니라 매우 이례적인 체제로 보는 것이다.

둘째, 가오팡은 세계 사회주의운동사의 측면에서 사회주의다당제 채택의 정당성이 있다고 주장한다. 세계사회주의 운동의 역사에서도 역시 사회주의 다당제를 실현하려는 역사적 실천이 계속되어 왔으나, 소련이 득세한 제2인터내셔널과 제3인터내셔널이 사회주의 일당제를 정통으로 규정하면서 사회주의 다당제 실현이 좌절되었다고 보는 것이다.

기실, 20세기 초 유럽 각국의 사회주의 정당은 정파 간의 견해 차이로 인해 일당으로 통합된 것이 아니라 양당 혹은 다당제를 보이고 있었는데 1904년 제2인터내셔널에서 '당의 통일'이 결의되어 각 국의 사회주의 정당이 통합된 바 있었다. 물론 20세기 초 가장 사회주의 세력이 컸던 독일에서는 이러한 결의에 따라 사회주의 정당들이 독일사회민주당으로 통합되었다가 결국 제1차 대전에 대한 지지 여부를 둘러싸고 다시 3개 정당으로 분열되어 사회주의 정당의 다당제가 재현되었다. 하지만, 주지하듯이 소련 사회주의의 등장으로 구성된 1919년 제3인터내셔널(코민테른) 성립 이후 1920년 "1개 국가에 1개의 통일된 공산당"이라는 규정이 공식적으로 통과되어 각국의 사회주의 정당은 1개의 사회주의 정당으로 통합되는 역사가 시작된 것이었다.

셋째, 가오팡은 사회주의 국가의 역사적 경험의 측면에서도 사회주의다당제 채택의 정당성이 있다고 주장한다. 소련 사회주의의 역사적 경험에서도 사회주의일당제는 계속 존립할 수 없는 것으로 판명되었으며 다른 사회주의 국가들에서도 이는 마찬가지였다는 것이다.

소련의 사회주의일당제는 당내 의견이 분기될 수밖에 없음을 역사적으로 보여주고 있으며 스탈린 체제의 일당제는 당내 반대파에 대하여 잔혹한 숙청을 가하여 개인숭배와 일인독재로 귀결되었다. 고르바초프 등장 이후에도 소련공산당은 사회주의 다당제 실행에 반대하고 심지어 당내 민주주의 등 중요한 정치개혁을 주도적으로 추진하지 않은 결과, 1990년 대중의 다당제 실행 요구가 심화되자 오히려 전격적으로 자본주의적 다당제를 수용하는 결과를 초래하였다. 이는 공산당이 오랫동안 고착화된 수구적 '좌'편향을 바로잡지 않을 경우, 향후 '우'편향으로 급작스럽게 전환할 수 있음을 시사하는 것이라고 가오팡은 주장한다.

가오팡은 중국의 역사적 경험의 측면에서 사회주의 다당제 채택의 정당성이 있다고 강조한다. 그는 1949년 수립된 중화인민공화국이 공산당을 중심으로 하는 연합정부였으며, 1989년 12월 이후 다당합작과 정치협상제도가 구축되어 왔음을 상기시킨다. 중국식 사회주의 다당제의 초기 구상은 물론 그 과도적 형태인 사회주의 다당합작제 역시 아직 제대로 실현되지 못하고 있다고 평가한다.

사실 다른 사회주의 국가에 비해 중국은 사회주의 다당제 구현을 위한 유익한 역사적 경험들을 가지고 있다. 첫째, 중국은 국공합작부터 시작하여 공산당과 민주당파 간의 협력의 역사가 가장 오래되었다. 둘째, 다른 사회주의국가와 비교해 중국은 현재 8개의 민주당파가 존재하는 등 민주당파의 수가 가장 많다. 셋째, 중국은 소련의 일당제 사회주의 모델을 모방하지 않았다는 특징과 장점을 보유하고 있다. 예컨대 1956년 4월 마오쩌둥이 특별히 강조하며 말했듯이, "우리가 소련과 다른 점은 우리는 의도적으로 민주당파를 존속시켜서 그들에게 의견을 발표할 기회를 주었고, 그들에 대해 단결과 투쟁의 방침을 동시에 채택했다는 것이다. 민주당파는 공산당의 반대파인 동시에 반대파가 아니어서, 일상적으로 반대 입장에서 반대하지 않는 입장으로 가게 된다"고 하며 "장기공존, 상호감독"의 방침을 명확히 제시하였다.[5] 개혁개방 이후 이러한 추세는 더욱 명확해졌다. 1982년 중국 공산당의 민주당파에 대한 방침이 "장기공존, 상호감독(長期共存, 互相監督)" 외에도 "서로 진정으로 사귀고, 영욕을 함께 한다(肝膽相照, 榮辱與共)"는 방침이 추가, 1989년 12월 통과된 〈중공중앙의 중국 공산당 영도 견지와 개선의 다당합작과 정치협상제도에 관한 의견〉에서 "중국 공산당이 집정당이며 각 민주당파는 참정당"이라는 내용이 명확히 제시되었다.[6]

그러나 주지하듯이 이제까지 중국의 정치체제에서 민주당파의 역할은 미미한 상황이다. 물론 1949년에서 1952년까지의 신민주주의 시기에는 많은 민주당파 인사들이 고위직을 차지하거나 높은 직함을 얻었다. 예컨대 최초의 24개 부처(部) 중에서 11개 부처의 부장이 민주당파 인사였고, 6명의 공화국 부주석 가운데 쑨원의 부인 쑹칭링(宋慶齡) 등 3명이 민주당파에 속했다.[7] 그러나 사회주의로의 개조가 시작된 이래 개혁개방 이후에도 중국의 민주당파는 지금껏 부부장 이상의 직무를 맡아본 적이 없으며 공산당의 위성 정당으로 전락한 상태이다. 따라서 가오팡은 중국에서 사회주의 다당제 실현을 위한 과도적 형태로 진정한 사회주의 다당합작제를 실현하기 위해서는 민주당파를 단순히 공산당의 보조적 역할 수행에 그치는 수준이 아니라 "연합 집권에 참여하는 당, 연합 정부에 참가하는 당"의 진정한 참정당(參政黨)으로서의 지위를 보장해야 한다고 주장하는 것이다.

가오팡은 2010년에도 '사회주의 다당제' 시리즈의 3탄 격인 "사회주의 국가의 정당 제도를 세 번째로 논하다 - 사회주의 다당제에 관한 최근 견해(三論社會主義國家的政黨制度 - 關於社會主義多黨制之近見)"란 글을 발표하여 기존의 입장을 재차 확인하면서 논의를 새롭게 확대하고 있다.[8]

가오팡 교수는 이 글에서 우선 다원론적 세계관을 흡수한 '사회주의다원화(社會主義多元化)'가 필연적이고 합리적인 흐름이며 사회주의다당제 역시 이에 부합되는 정치체제임을 밝히고 있다. 그는 사회주의 세계관인 유물사관은 기본적으로 생산력 중심의 일원론이지만 생산관계, 경제체제, 정치체제, 문화체제 및 이데올로기도 동시에 중요한 역할을 하고 있는 만큼 일원론을 중심으로 하되 다원적 현실을 인정하는 세계관을 가져야 한다고 주장한다.

또한 개혁개방 이후 중국의 사상도 일원화된 형태에서 다원화된 형태로 점차 전환되고 있는 사회주의 사회의 다원화를 인정해야 한다는 것이다. 이렇게 보면 정치적 차원에서의 사회주의 다원화는 다당제를 실현하는 것이며 따라서 그동안 사회주의 정치체제에서 보편적인 것으로 간주되던 일당제는 특수한 상황에서 나타난 이례로 파악해야 한다. 이미 세계도 다원화되고 각국의 사회도 다원화되어 다당제가 정치체제에서 보편적인 현상으로 나타나고 있는데 자본주의 국가들의 경우 190개의 국가 중 왕국이나 정교합일을 실행하는 12개 국가에만 정당제도가 없으며 일당제를 추진하는 국가는 하나도 없다는 것이다.

가오팡은 이러한 측면에서 소련 및 동유럽의 사회주의 일당독재 체제의 붕괴는 사회주의 체제가 다원화의 길을 수용하지 않음으로써 발생하게 된 필연적 결과라고 본다. 소련의 경우 1920년 이전까지만 해도 복수의 공산당이 존재했으며 스탈린 체제를 거치면서 강력한 일당독재로 변질되었고 70년이 지난 1990년에야 대중들의 요구에 굴복하여 다당제로의 전환을 인정하지만 이는 결국 소련의 붕괴로 귀결된다. 이렇게 볼 때 가오팡은 중국 사회주의가 존속할 수 있었던 이유를 다른 사회주의 국가들에 비해 사회주의 다당제의 한 유형인 다당합작제를 상대적으로 장기간 실행해 온 것에서 찾는다.

또한 가오팡은 최근 세계 각국에서 복수의 공산당 및 사회주의 정당이 존재하고 있으며 이들이 선거를 통해 집권하고 있음에 주목하며 따라서 향후 미래의 사회주의 국가에서 사회주의 다당제가 실현될 가능성도 있다고 주장한다. 비록 중국의 사회주의 다당합작제를 경쟁적 선거를 통한 다당제로 전환시킬 것을 주장하고 있지는 않지만, 가오팡은 오늘날 중국의 사회주의 다당합작제가 사회주의다당제로 가기 위한 과도기적 경로임을 암시하고 있는 것이다.

상술한 내용들을 통해 알 수 있듯이, 가오팡의 '사회주의다당제'론은 사회주의 및 자본주의에 대한 재인식을 통해 사회주의를 민주적으로 새롭게 재구성하려는 시도라고 볼 수 있다. 사실 초기 자본주의의 비민주성에 저항하면서 형성된 사회주의 이념과는 다르게 현실 사회주의에서는 오히려 정치적 민주화가 제기되었고 결국은 사회주의 자체의 붕괴가 야기되는 역설적 상황이 발생하였다. 따라서 '사회주의다당제론'은 마르크스레닌주의의 경직된 해석을 완화함으로써 자본주의 정치 발전과정에서 나타난 '다당제'를 '시장경제'와 마찬가지로 (자본주의의 전유물이 아닌) 사회주의가 수용할 수 있는 보편적이고 중립화된 개념으로 활용할 수 있다는 의미라고 볼 수 있다. 그러므로 가오팡의 견해는 탈(脫)레닌주의적인 마르크스주의 전통을 수용하고 있으며 사회주의에서 민주적 통치방식의 구현을 목표로 제시한다는 차원에서 1957년의 '쌍백(雙百)(百花齊放, 百家爭鳴)' 운동 당시 중국 사회주의의 민주화 경로를 주창했던 진정한 '사회주의민주(사회주의적 민주주의)' 실현 주장과 맥이 닿아 있다.

이러한 관점은 '사회주의민주'의 정통 원리로 간주되어 온 레닌의 '무산계급민주독재'(혹은 '인민민주독재') 개념이 사실상 '유산계급'(혹은 인민의 적)에 대한 폭력적 통치방식(독재)을 지나치게 중시하고 민주적 통치방식은 경시함으로써 무산계급독재가 법의 구속을 받지 않는 공산당의 독재 혹은 개인숭배형의 독재로 귀결되었다고 보는 것이다. 다만, 1957년의 민주인사들이 사실상 공산당의 일당 지배체제에 대한 근본적인 문제를 제기하고 사회주의 하에서도 자유의 권리가 인민에게 주어져야 함을 주장함으로써 사회주의적 정체성보다는 다당제의 실현을 더 강조하는 것으로 귀결되었다면, 가오팡의 '사회주의다당제론'은 당의 영도 원칙을 훼손하지 않으면서도 중국에서 다당제의 효과를 실현할 수 있는 현실적인 방안으로 '다당합작제'의 실질화를 제시하고 있다.

이러한 가오팡의 관점은 최근 중국에서 큰 논쟁을 일으킨 시에타오의 민주사회주의 실현 주장 즉, 북유럽의 사회민주주의 모델처럼 시장경제 체제와 사회주의 정당이 포함된 (자유주의적)다당제를 도입하자는 입장보다는 보수적인 입장에 속한다고 할 수 있다. 그러나 공산당 일당 체제라는 전통적 사회주의 정치체제를 다당합작제를 통한 연합정치체제의 구축을 통해 민주적인 사회주의 정치체제로 전환하자는 견해이니 만큼, 시에타오의 주장보다 오히려 안정적이고 현실적이면서도 중국 특유의 정체성을 구현할 수 있는 체제 내 정치개혁을 통한 온건한 민주화 경로를 모색하는 구상이라고 평가할 수 있다.

다만 가오팡의 관점이 오늘날 공산당 당국이 주창하는 다당합작제의 경로와는 그 결이 다르다고 평가할 수 있다. 공산당 당국이 주창하는 다당합작제가 공산당의 일당 지배를 영속적으로 보장하는 다당합작제라고 한다면 가오팡이 주창하는 다당합작제는 사회주의 다당제로 가기 위한 불가피한 현실적 경로로 인식되기 때문이다.

따라서 가오팡의 관점이 대중적인 설득력을 얻기 위해서는 중국 공산당이 민주당파와의 연합정치를 실질적으로 제도화시킬 수 있는지 그 여부에 달려 있다고 하겠다. 그러나 가오팡의 견해는 향후 발생할 수도 있는 중국의 민주화 논쟁 과정에서 여전히 중국 공산당의 일당 지배체제를 오히려 정당화시킬 수 있는 논리로 이용될 수 있다. 즉, 기존의 모습처럼 중국 공산당이 가오팡의 견해를 활용하여 다당합작제의 실현을 약속하지만 실제로는 다당합작제의 제도화를 매우 더디게 진행하면서 오히려 중국 공산당의 지배체제를 더욱 공고화하는 것이다. 그렇다면, 이러한 상황에서도 가오팡이 여전히 중국 '사회주의 다당제'의 실현 형태로서 다당합작제를 계속 주창할 수 있을지 아니면 궁극적으로 시에타오의 민주사회주의론으로 통합될 것인지 미지수이다.

왕구이슈(王貴秀)의 '사회주의 삼권분립론'

산시(山西)성 출신의 왕구이슈(王貴秀)는 가오팡(高放)과 함께 중국의 대표적인 '사회주의 민주(社會主義民主)'론자이다. 그는 1935년 생으로 중국 런민대(人民大) 철학과를 졸업하고 중앙당교에 봉직한 이래 중앙당교 정치체제개혁연구소 상무부소장, 중앙당교 정치체제개혁연구실 주임 및 당 기율검사위원회 특약연구원, 잡지 〈중국정치체제개혁〉의 부편집장 등을 역임했다. 그는 여전히 중앙당교 교수로 활동하면서 『정치체제개혁과 민주법제건설(政治體制改革和民主法制建設)』, 『민주와 민주집중제를 논함(論民主和民主集中制)』, 『중국정치체제개혁의 길(中國政治體制改革之路)』 등 중국의 민주주의 문제와 정치개혁 관련 저서와 논문 등을 현재까지 왕성하게 발표하고 있다.[1]

그는 가오팡과 마찬가지로 중국 정치체제에서 '사회주의민주'의 실현을 매우 오랫동안 자신의 소신으로 유지해온 신념의 소유자라고 볼 수 있다. 이는 사회주의 국가에서 당연시되어온 '사회주의적 민주주의(socialist democracy)'에 대한 화석화된 해석, 즉 사회주의국가의 성립 그 자체가 자본주의의 비민주성을 극복한 민주 체제이며 공산당을 지고지순한 주체로 보고 공산당 일당의 독재를 그 구현체로 간주하는 관방의 도그마적인 해석 대신 사회주의에서 민주적 통치방식의 구현을 정치개혁의 목표로 제시하는 입장이다. 그는 이미 1980년대부터 중국에서 '사회주의 민주' 실현을 위한 정치체제개혁이 미룰 수 없는 시급한 과제임을 계속 주장해왔는데, 77세의 고령인 2012년 현재까지도 '사회주의적 민주주의'의 제도화를 현실화시키기 위해 구체적인 정치체제 개혁 방안을 지속적으로 제시하고 있다.

왕구이슈는 사회주의에서 민주화의 실현은 '사회주의 국가의 건립' 그 자체에 만족해서는 안되며 사회주의사회의 본질은 지속적인 개혁과 자기 개선의 체제이므로 중국은 경제체제 개혁만큼이나 정치체제 개혁도 쉬지 않고 계속되어야 한다고 주장한다. 특히 왕구이슈는 1950년대 중반 이후 중국 사회주의 체제에 민주주의가 부족하고 법제가 건전하지 못했다고 지적하면서 그 이유로 당시 극좌적 사상의 횡행으로 인해 이러한 문제를 제기하면 '반당반사회주의(反黨反社會主義)' 우파로 낙인찍혔기 때문이라고 하면서 '정치체제' 문제의 제기가 일종의 금기가 되었다고 비판한다. 왕구이슈는 또한 중국 사회주의의 비민주성은 중국의 사회주의가 오랜 봉건적 전제주의에 대한 완전한 일소가 이루어지지 않은 상태에서 시작되었기 때문이며 중국 사회주의 체제에는 여전히 봉건적 정치문화가 남아있다고 간주함으로써 민주적 체제를 구축해야 봉건적 잔재와 문화가 완전히 일소될 수 있다고 주장한다.

다만 왕구이슈의 '사회주의민주' 실현을 위한 정치체제개혁 주장에서 발견되는 특이한 사실은 그가 자신의 주장의 이론적 근거로 주로 역대 공산당 최고지도자들의 어록을 인용한다는 점이다. 예컨대 그는 자신의 주장의 근거로서 덩샤오핑(鄧小平)의 어록, 즉 〈덩샤오핑 문집(鄧小平文集)〉을 사용하고 있고 때때로 마오쩌둥(毛澤東)이나 저우언라이(周恩來)의 어록이나 레닌의 어록 등도 사용하고 있다. 자신의 '사회주의민주'론이 급조되거나 경박한 것이 아니라 사회주의 사상가와 지도자들이 일찍부터 고안해온 사회주의 역사에 서 정당성을 지닌 주장이라는 것이다.

특히 왕구이슈는 덩샤오핑의 어록을 근거로 삼아 개혁개방 이후 경제체 제 개혁의 심화를 위해서라도 정치체제 개혁은 늦출 수 없는 긴박한 과제라 고 지적한다. 그는 덩샤오핑이 선도적으로 '사회주의민주'의 제도화를 주창 했다고 주장한다. 그는 그 근거로 덩샤오핑의 관련 어록들을 〈덩샤오핑 문 집〉에서 대거 발췌하여 제시하고 있다. 예컨대 덩샤오핑은 1979년 "4항 기 본원칙을 견지하자(堅持四項基本原則)"는 발언 중에서 "민주의 실천 측면에 서 과거 우리들은 만족스러운 수준이 아니었을 뿐 아니라 많은 잘못을 범하 였다. …… 현재 우리들은 과거의 잘못을 이미 수정해 나가고 있고 각종 조치를 통해 당내 민주와 인민 민주를 확대하고자 계속 노력하고 있다. 민 주 없이는 사회주의도 없으며 사회주의현대화도 없다. …… 우리들은 과거 민주에 대한 선전도 부족하였고 실행도 부족하였으며 제도적으로도 개선될 여지가 많다. 따라서 민주 발양을 위해 계속 노력하는 것은 우리 당 전체가 향후 굳건히 지켜나가야 할 장기적 목표다"라고 했다는 것이다. 왕구이슈는 또한 덩샤오핑이 경제개혁과 정치적 민주화를 동시에 추구할 것을 강력히 주장했다고 제시한다. 실제 덩샤오핑은 "정치적으로는 민주를 발양하고 경 제적으로는 개혁을 실행하자"는 발언에서, "당의 11기3중전회는 일련의 새 로운 정책을 제시하였다. …… 가장 중요한 항목은 두 가지인데 하나는 정 치적으로 민주를 발전시키는 것이고 또 하나는 경제적으로 개혁을 진행하 여 동시에 상응하는 수준으로 사회의 기타 영역의 개혁을 진행할 것이다"고 했다.[2]

왕구이슈는 덩샤오핑의 사회주의민주 의지를 증명하는 과정에서 덩샤오 핑의 정치개혁 입장에 대해 독특한 주장을 하고 있다. 1989년 천안문 사건에 도 불구하고 덩샤오핑이 '사회주의 민주' 실현을 목표로 하는 정치체제개혁에 대한 의지를 계속 갖고 있었다는 것이다. 실제 덩샤오핑은 천안문 사건 이후에도 정치체제개혁 요구가 강조되었던 제13차 당 대회 보고 문건(1987년)의 수정을 허락하지 않았다고 한다. 한편, 왕구이슈는 1989년 천안문 사건 이후 2002년 15차 당 대회까지 중국의 정치체제 개혁이 늦춰져 왔다고 지적함으로써 사실상 장쩌민 체제를 간접적으로 비판하고 있다. 왕구이슈는 민주주의를 희생해서 효율을 얻을 수는 없다고 주장하며 이른바 新권위주의론자들의 '先경제개혁 後정치개혁' 주장에 반대한다. 정치개혁과 경제개혁은 함께 실현되어야 할 과제임을 주장하는 것이다. 그는 또한 인민들의 민주적 의식의 부족으로 민주적 제도화가 연기되어야 한다는 입장에 반대하면서 오히려 민주적 제도화를 통해 인민들의 민주적 의식이 고양될 수 있다고 지적한다.[3]

이러한 맥락에서 2010년 왕구이슈는 한 인터뷰에서 원자바오(溫家寶)의 정치개혁 발언을 적극 지지한다는 입장을 표명하면서 그동안 정치개혁의 실질적인 진전이 없었음을 지적하면서 2000년대 들어 정치개혁을 위한 최적의 기회를 실기했다고 지적하고 있다. 왕구이슈는 여기서 중국의 정치개혁을 방해하는 최대 세력이 권력적 시장경제 하에서 기득권을 통해 이익을 향유하고 있는 권력귀족의 기득권 세력이라고 지목하고 있다.[4] 이는 왕구이슈의 정치적 입장이 잘 드러나는 대목이라고 볼 수 있다. 그가 중국 정치개혁의 장애물로 지목하고 있는 권력귀족의 기득권 세력이란 통상 지대추구를 통해 부를 추구하는 관료계층을 지칭하는 것으로, 이러한 그의 견해는 중국의 정치적 자유주의자들과도 상통하는 생각이다. 또한 이는 현실적으로는 왕구이슈가 원자바오를 고립시키고 있는 상하이방-태자당 연합의 권력 블록을 비판하는 입장에 서 있음을 시사하는 것이다.

다만 왕구이슈가 주장하는 '사회주의 민주'의 실현은 중국 공산당의 지배를 인정하는 범위 내에서 이루어지는 민주주의의 제도화이다. 예컨대 그의 저서 〈중국 정치체제 개혁의 길(中國政治體制改革之路)〉에서 제시하는 '사회주의민주'의 제도화 조치로는 당내 민주의 규범화와 제도화, 전국인민대표대회 상무위원회의 직권 확대, 행정법규의 제정을 통한 각 급 정부의 기능 발휘, 중국인민정치협상회의의 역할 활성화, 사회단체의 역할 활성화와 기층민주주의의 확대 등이 포함된다. 최근에 이르러서 왕구이슈는 공산당 당내민주(黨內民主) 실현을 위한 보다 구체적인 제도개혁을 주장하고 있기도 하다. 그러나 '사회주의 민주'의 실현을 중국 공산당의 지배 체제의 범위 안에서 설정하는 것은 중국 공산당 중앙당교의 교수인 왕구이슈의 주장이 갖는 근본적인 한계를 보여주는 대목이다. 사회주의 국가가 일당제가 아니라 다당제를 채택했어야 한다는 취지를 강하게 주장했던 가오팡의 견해에 비해서도 다소 보수적인 입장이라고 평가할 수 있다.

그러나 왕구이슈의 최근 주장 가운데 당내 민주의 제도화 부분은 보다 구체적으로 주목할 만하다. 그의 제안이 중국 공산당이 채택할 수 있는 가장 현실적인 민주화 방안 가운데 하나가 될 수 있기 때문이다. 우선 왕구이슈는 중국에서 당내 민주의 제도화가 인민민주(人民民主)보다도 더 지체되었다고 지적하고 당내 민주의 제도화가 시급하다고 주장한다. 왕구이슈는 16차 당대회, 17차 당 대회에서 후진타오가 당내민주의 제도화를 강조했다고 지적하면서 2009년 17기 4중 전회에서 이러한 내용을 집약한 〈새로운 정세하의 당의 건설 강화와 개선에 관련된 약간의 중대한 문제에 관한 중국 공산당 중앙의 결정(中共中央關於加强和改進新形勢下黨的建設若干重大問題的決定)〉(이하 〈결정〉)을 당내민주의 제도화를 선언한 핵심 문건이라고 평가한다. 중화인민공화국 수립 이후 60년 동안 그리고 개혁개방 이후에도 당내 민주에 대한 인식과 실천 사이에 큰 괴리가 존재한 상황에서 2002년 16차 당대회에서 "당내 민주는 당의 생명이다"라는 명제가 처음 제기된 뒤 17기4중 전회에서 이 명제가 재차 강조되고 그 구체적인 정책 조치가 제시되었기 때문이다.[5]

왕구이슈가 주창하는 당내 민주의 제도화의 핵심 화두는 '중국 공산당 내부의 삼권분립 체제의 실현'이다.[6] 왕구이슈는 중국 공산당 내부의 삼권분립 체제의 실현을 위해서 우선적으로 당원의 민주적 권리의 보장 그리고 당 대표대회 상임제(常任制)의 완전한 실현 등을 주장한다. 즉 왕구이슈는 우선 당 규약에 규정되어 있는 당원의 민주적 권리를 보장해야 한다고 주창한다. 여기서 당원의 민주적 권리 보장의 핵심은 사상의 자유와 언론의 자유 권리를 보장하고 실현하는 것이며 그 제도적 기반은 당내 선거제도를 개혁하고 완성하여 당원의 선거권이 확실히 실현되고 보장되도록 하는 것이다. 왕구이슈는 당원의 민주적 권리, 즉 선거권이 보장되면 또한 당 대표대회의 상임제, 즉 상설화를 전국적으로 실행해야 한다고 주장한다. 당 대표대회의 상설기구를 설치하면 공산당 규약에 입각하여 당의 최고 권력기관이며 최고 정책결정기관이자 행정부에 대한 최고 감독기관으로서 당 대표대회의 직권과 기능 및 역할을 제대로 수행하도록 해야 한다고 주장한다. 당원의 민주적 선거권이 보장되어 구성된 당 대표대회에 의해 상설기구가 제도화되면 당 대표대회가 당의 명목상 최고 권력기관이 아니라 실질적인 최고 권력기관이 될 수 있다고 본 것이다.

나아가 왕구이슈는 당 대표대회의 상임제가 실현되는 전제하에서 당의 영도기관의 권력구조와 운용 시스템을 조정하고 합리화해야 한다고 주장한다. 특히 당원의 선거를 통해 구성된 당 대표대회와 당 대표대회 상설기구를 최고의 정책결정 기관으로 만든 뒤, 역시 당 대표대회 개최를 통해 당원 대표들의 선거로 당 정책 집행기구의 당 위원회를 구성해낼 수 있다는 것이다. 또한 당원 대표들의 선거를 통해 구성된 당 기율검사위원회를 당내 감독 기구로 만들게 되면, 결국 공산당 당내 정책결정권, 집행권, 감독권의 3권이 견제와 균형을 이루는 당내 삼권분립 체제를 구축할 수 있다는 것이다. 이는 당내 민주주의의 실현을 통해 일당 독재 체제가 갖는 비민주성을 극복해보자는 프로젝트라고 볼 수 있다. 결국 마르크스레닌주의의 근간인 공산당의 일당 지배 원리를 형식상으로 훼손하지 않으면서 민주주의의 보편적 원리인 견제와 균형을 공산당 당내에 실현하는 것이 '사회주의민주'를 구현하는 정치개혁의 핵심 과제라고 왕구이슈는 보고 있는 것이다.

물론 왕구이슈의 정치개혁 구상이 당내 민주의 실현만 강조하는 것은 아니다. 왕구이슈는 민주적 거버넌스를 가진 공산당이 탄생한다고 하더라도 공산당에 대한 외부의 견제와 제약 역시 중요하다고 본다. 예컨대 왕구이슈는 당의 영도제도 개혁 문제를 거론하면서 당의 결정에 대한 전국인민대표대회의 부결권 인정, 법률에 의거한 당의 영도제 등 민감한 주장을 제시하고 있다. 왕구이슈는 일단 당 영도제의 성격은 정치적 영도이지, 다른 기관 특히 중국의 최고 권력기관인 전국인민대표대회에 대해 조직적 예속을 강요하는 것은 아니라고 주장한다. 왕구이슈는 이러한 논리에 따라 당은 중요한 정책 방안을 만들어 제시하는 '발의권'을 행사할 수 있지만, 중국의 최고권력기관인 전국인민대표대회는 당이 발의한 의안에 대해 '부결권'을 제시할 수 있는 실질적 권한이 있어야 한다고 주장한다. 왕구이슈는 또한 당은 인민 속의 선진적 조직으로서 누구보다도 모범적으로 인민대표대회가 통과시킨 헌법이나 법률을 준수해야 하는 등 당은 헌법이나 법률 위에 군림할 수 없다고 주장한다. 특히 왕구이슈는 당과 법의 관계에서 첫째, 당의 국가정권에 대한 영도는 법에 의해 규범화되고 법에 따라 실시되어야 한다는 점, 둘째 법에 의해 당의 조직과 당원의 활동이 규범화됨으로써 당과 당원의 활동은 헌법과 법률의 범위 안에서 이루어져야 한다는 점 등의 두 가지 측면을 강조한다.[7] 결국 왕구이슈는 중국의 최고권력기관으로 명시된 인민대표대회가 중국 공산당에 대한 최소한의 견제 장치를 가져야 하며 이를 제도화해야 한다고 주장하고 있는 것이다.

종합적으로 보면, 왕구이슈의 정치개혁 주장은 17기 4중전회 〈결정〉의 내용보다 더 구체적이고 진보적인 방안이다. 17기 4중전회 〈결정〉의 내용이 당내 민주와 관련하여 '당의 영도제도 견지와 개선, 당원의 주체적 지위와 민주적 권리 보장, 당 대표대회 제도와 당내 선거제도 개혁, 당의 집중 통일의 옹호' 등을 적시하고 있지만 사실상 이는 공산당 당원의 민주적 권리

보장이나 당원 선거제 실현 등 구체적인 제도화 방안과 관련하여서는 추상적인 선언 수준에 머물러 있는 것이기 때문이다.[8]

물론 왕구이슈는 상대적으로 온건한 입장의 사회주의적 민주주의자에 해당한다. 보기에 따라서 왕구이슈는 다소 관변적인 학자로도 평가되기도 한다. 1957년 민주적 사회주의 그룹에서부터 오늘날 가오팡에 이르기까지 '사회주의 다당제'의 필요성을 역설한 경우가 많았던 반면, 왕구이슈는 공산당 일당 지배 체제에 대해 전혀 문제를 거론하지 않고 있으며 덩샤오핑이나 마오쩌둥의 어록 등으로부터 '사회주의민주' 실현 주장의 근거를 찾고 있기 때문이다. 따라서 이는 왕구이슈가 당교 교수라는 현직을 갖고 있기 때문에 덩샤오핑 등의 어록을 단지 자신의 주장에 대한 정치적 보호의 수단으로 활용하고 있는 것으로도 볼 수가 있다. 그러나 한편으로는 왕구이슈의 이러한 논지 방식은 단순한 정치적 목적 때문이라기보다는 '사회주의민주'의 조속한 실현을 주장한 사람들이 다름 아닌 중국 공산당의 최고 지도자들이었음을 알리기 위한 것이다. 이를 통해 '사회주의민주' 논의의 진정성이 중국의 개혁파 정권 내부에 존재함을 사람들에게 상기시킴으로써 '사회주의민주' 실현을 위한 정치개혁이 시급한 과제임을 강조하는 것이다.

한편으로 왕구이슈는 중국 공산당이 취할 수 있는 현실 가능한 최대한의 정치개혁 방안을 제시하고 있다고 평가할 수 있다. 왕구이슈가 주장하는 '사회주의적 삼권분립', 즉 '공산당 당내 삼권분립'은 무소불위의 중국 공산당 권력을 제한해야 할 현실적 필요성을 만족시키면서도 '다당제'를 실시하지 않아도 될 묘수가 될 수 있다. 결국 '사회주의적 삼권분립'을 제도화시킬 주체 역시 중국 공산당인 상황에서 다당제 실현으로 야기될 공산당 해체의 우려를 불식시키면서 민주화를 추진할 수 있는 최적의 정치개혁 방안이 될 수 있다. 더욱이 중앙은 물론 지방과 각급 당위원회에서 최고지도자인 당 서기에게 권력이 과도하게 집중된 현실에서 '공산당 당내 삼권분립'은 권력 분산 및 견제와 균형의 효과를 발생시킬 것으로 기대된다.

특히 중국의 정치개혁은 역사적으로 중국 공산당 외부에서 추진되어 성공한 사례가 존재하지 않으며 모두 중국 공산당 당내에서 시작되어 성공적으로 수행되었다. 이를테면 덩샤오핑이 80년대에 추진한 인사제도 개혁, 기율검사위원회의 도입, 고문위원회 폐지 등 중국 정치개혁에 큰 영향을 미쳤던 제도개혁들은 모두 당내 개혁이었다. 따라서 향후 중국의 정치개혁도 결국 중국 공산당 당내 개혁이 핵심이라고 본다면, 왕구이슈의 당내 구조의 삼권분립을 통하여 사회주의 일당제 국가에서도 권력에 대한 견제와 균형이라는 민주주의의 보편적 원리를 실현할 수 있다는 추론이 가능하게 된다.

흥미로운 사실은 가오팡이 당의 영도원칙을 훼손하지 않으면서도 중국에서 '사회주의적 다당제'의 효과를 실현할 수 있는 방안으로 '다당합작제' 구현을 제시하였던 것처럼 왕구이슈도 당의 영도원칙을 훼손하지 않으면서도 '사회주의적 삼권분립'의 효과를 실현할 수 있는 방안으로 '당내 삼권분립'과 '당에 대한 인민대표대회의 부결권 행사' 등을 제시하고 있다는 것이다. 이는 통상 서구 자유주의 정치제도의 상징으로 인식되는 '다당제'와 '삼권분립'과 같은 제도들의 보편적 원리가 중국적 맥락 혹은 사회주의적 맥락에서 수용되어야 한다는 인식을 드러낸 것이다. 가오팡이나 왕구이슈 등은 사회주의 정치의 민주화가 자유민주주의 정치제도의 보편적 장점을 흡수해야 가능하다고 보는 것이다. 이는 사실 '다당제'나 '삼권분립'을 자유민주주의 체제의 정쟁과 혼란의 요인으로 보거나 이른바 국가상황(國情) 논리를 앞세워 중국에서는 수용 불가한 제도로 선언해온 중국 공산당 지도부의 공식 입장과는 상당한 입장 차이가 존재하는 것이다.[9]

따라서 왕구이슈의 '사회주의 삼권분립'론이 중국 공산당에 의해 수용된다면 이는 중국 공산당이 '사회주의민주' 실현을 위해 기존의 고정 관념과 태도에서 벗어나 현실적으로 가장 혁신적인 정치개혁안을 추구하는 것으로 평가될 수 있을 것이다. 또한 왕구이슈의 이러한 주장은 가오팡의 견해와 함께 중국의 정치체제 개혁이 권위주의의 유지 혹은 자유민주주의로의 전

환이라는 양자택일의 선택만이 존재하는 것이 아니라 '민주적 사회주의'의
제도화의 가능성도 여전히 남아있음을 보여주는 근거로서 기억되어야 할
것이다.

팡닝(房寧)의 '민족주의적 사회주의민주론'

팡닝은 1957년 베이징에서 태어나 2013년 현재 56세의 중견 학자이다. 1977년 북경사범학원(현 수도사범대학교) 정치교육과 졸업 이후에 모교의 교수로 있다가 2001년 중국사회과학원 정치학연구소 부소장으로 부임하였다. 팡닝은 2008년 중국 당국의 지시로 마르크스주의 이론 연구와 정치학 교과서 작성 및 편집에 참여하는 등 친(親)관방 성향의 좌파 지식인의 한 사람으로 알려져 있으며, 최근 몇 년간 중국 정부와 공산당이 위탁한 중국특색 사회주의민주 정치이론과 실천연구 및 사회갈등과 정치안정에 관한 연구 과제를 주로 수행하여 왔다. 예컨대 중국사회과학원의 핵심 과제인 '중국특색의 사회주의민주정치 연구', 베이징올림픽 조직위원회가 위탁한 '제29회 하계 올림픽의 정치적 리스크 예측과 대비책 연구', 중국 공산당 중앙당이 위탁한 '현재 및 향후 5년의 중국 사회모순과 사회안정 정세변동 추이 및 대책 연구' 등이다. 그는 또한 이러한 과정들을 통하여 중국의 정치개혁과 민주화 관련

논문과 저서들을 상당수 출간하여 왔다.[1]

팡닝의 기본 주장은 '중국특색의 사회주의민주(中國特色社會主義民主)' 체제를 건설하자는 입장으로, 이 때문에 중국 공산당의 입장을 맹목적으로 대변하고 있다는 비판을 받기도 한다. 그러나 팡닝이 10여 년 전부터 중국의 대표적인 민족주의 지식인으로 유명세를 탔던 인물이란 점을 고려한다면, 최근 소개되고 있는 팡닝의 중국 민주주의에 대한 관점은 그의 저작에 대한 폭넓은 이해를 바탕으로 평가되어야 할 것이다.

팡닝이 민족주의자로서의 입장을 가지게 된 것은 1987년 미국에서의 방문학자 경험 이후였다고 알려졌는데, 당시 팡닝은 미국의 지속적인 경제적 번영이 미국이 세계의 자본, 기술, 정보 등을 독점하고 국제 분업 체제의 최상부를 차지하여 전 세계로부터 이윤을 얻고 있기 때문이라는 사실을 깨달았다고 한다. 이후 팡닝의 정치학 연구는 서구식 개념에서 당대 중국의 담론으로 바뀌었고 세계화가 중국에게 커다란 위협이 될 것임을 직감하고 자본주의 발전이론에 관한 연구와 중국 사회주의를 위한 대응책 모색에 집중되었다. 1990년대 중반 『현대자본주의 발전 입문(現代資本主義發展引論)』이란 책을 저술하면서 팡닝은 서구자본주의 국가의 안정이 2차 대전 이후 전개된 제3세계 산업화 그리고 이를 가능하게 했던 자본의 국제화 운동, 즉 자본주의의 새로운 증식 운동으로서의 세계화와 밀접한 관련이 있다고 지적했다. 그는 이러한 새로운 변화가 한편으로는 세계 자본주의 체계의 중심부인 서구 자본주의 국가의 경제사회적 모순을 완화시켰고 다른 한편으로는 자본주의의 기본 모순을 전 세계적 범위로 확대시켰다고 지적했다. 이 책에서 팡닝은 특히 서구자본주의의 민주제가 사실상 현대적 의미의 세습제와 같다고 비판하고 있는데, 서구 민주주의의 꽃인 선거제가 인민의 선택이란 형식을 사용하지만 실상은 정당의 조종, 정보통제, 저소득층의 낮은 투표율, 금권선거 등을 통해 자본주의 권력집단인 정치엘리트의 권력 세습을 합법적으로 인정해주는 기제라는 것이다.[2] 이러한 서구자본주의와 민주주의에 대한 팡닝의 평가는 그가 세계 자본주의 체제하의 국제 분업구조에서 세계 공장으로 떠오른 중국의 현실을 '종속이론'에서 도출된 제3세계의 민족주의적 세계관으로 비판하고 있음을 보여준다.

이후 팡닝은 중국 민족주의 사상의 기수로 평가받는 왕샤오둥(王小東), '노라고 말할 수 있는 중국(中國可以說不)'을 출간했던 송창(宋强) 등과 함께 『세계화 그늘 아래에서의 중국의 길(全球化陰影下的中國之路)』을 펴내면서 보다 대중적인 호응을 얻게 된다. 당시 나토군의 유고 주재 중국 대사관 오폭 사건으로 중국 사회의 반미, 반서구적인 민족주의 감정이 극에 달한 시점에서 세계화 시대의 중국 민족주의의 방향을 제시한 것으로 평가받았기 때문이다. 이 책에서 팡닝은 서구의 신식민주의 국가들이 정치적 수단은 물론 군사적 수단까지 사용하여 제3세계 국가들을 통치하는 시대가 되었다고 통탄하면서 물질적인 빈곤보다 정신적인 빈곤, 즉 민족주의의 부재가 더 두려운 현실이라고 지적하며 서구의 노예가 되길 원하지 않는 중국 인민들이 떨쳐 일어나야 한다고 선언한다.[3] 이후 그는 제3세계 민족주의의 시각으로 서구적 가치와 세계화를 비판해온 정치학자로서 중국 내에서 명성을 얻었고 중국의 민족주의 문제에 천착하면서 저작 활동을 해왔다.[4]

제3세계 민족주의자로서의 팡닝이 중국의 민주주의 문제를 본격적으로 다루기 시작한 것은 〈중국 민주정치건설 백서(中國的民主政治建設白皮書)〉 작성에 참여한 이후부터라고 할 수 있는데, 이 백서는 중국 당국이 '중국식 민주주의'의 개념과 정치개혁 방향을 처음으로 제시한 글로 평가된다.[5] 따라서 2005년 중국 국무원 신문판공실이 발표한 〈중국 민주정치건설 백서〉는 팡닝의 중국 민주주의와 정치개혁에 대한 기본 입장을 잘 보여주는 자료라고도 할 수 있다. 〈중국 민주정치건설 백서〉의 기본 주장은 크게 세 가지라고 할 수 있다.[6] 첫째, 세계에서 유일하고 보편적이며 절대적인 민주주의 모델은 존재하지 않는다. 둘째, 각국의 민주주의는 각국의 상황(國情)에 부합되어야 한다. 셋째, 중국은 정치개혁을 통해 중국식 민주주의 모델을 발전시켜왔다.

팡닝은 이러한 기본 관점에서 더 나아가 정치제도에 대한 평가는 얼마나 많은 인민들의 바람이 충분히 반영되어 있는지의 여부라고 하면서, 이러한 기준이야말로 형식적인 민주주의에 대한 정의가 아니라 민주주의를 측정할 수 있는 객관적인 기준이라고 주장한다. 이러한 관점에서 팡닝은 중국의 정치개혁의 핵심은 '중국특색의 사회주의민주' 체제 건설이며 이러한 '중국특색의 사회주의민주'체제는 오히려 서구 자본주의 정치체제의 지양(揚棄)이라는 입장을 갖게 된다.[7] 즉 중국의 민주주의 모델은 중국 국가상황과 우수한 문화전통에 부합되어야 하는 동시에 사실상 정치엘리트의 현대적 세습제인 서구 민주주의 모델을 극복하는 사회주의적 모델이어야 한다는 것이다. 물론 팡닝 역시 서구 민주주의 모델 전부를 부정하는 것은 아니며 서구 민주주의 모델 가운데 취할 것은 취하고 버릴 것은 버려서 발전시켜야 한다면서, 이러한 의미에서 '중국특색의 사회주의민주'는 서구 자본주의민주에 대한 지양이 되어야 한다고 주장하는 것이다.

결국 팡닝은 중국의 민주정치 건설의 전제로 '중국특색의 사회주의민주'와 서구 자본주의민주 사이의 경계를 분명히 설정한다. 팡닝은 서구의 민주주의 모델, 즉 '자본주의민주'가 금권정치, 집단정치, 정치부패의 폐해가 있다고 주장한다. 즉, 개인의 자본이 공공권력을 통제하는 것이 서구 자본주의민주의 고질병이어서 금권에 의한 선거 통제와 여론 조작 및 정책 제정에 대한 영향력 행사 등이 나타난다고 비판한다. 또한 서구의 삼권분립은 사실상 권력체제 내의 상호견제로 이익집단 내의 경쟁과 게임으로 전락하여 소수 집단의 이익과 전체 공동체 이익 사이의 충돌이 나타나고 정책의 단기적 성과주의나 공리주의화가 나타난다는 것이다. 그는 서구 학계와 매체들이 다당제와 의회제가 부패를 제약한다고 주장하지만 사실 서구 자본주의의 선거에서 선진국이나 개도국을 막론하고 막대한 돈이 필요하며 이 과정에서 정치적 부패가 필연적으로 나타난다고 비판한다.[8]

반면 팡닝은 인민대표대회제도, 공산당 영도하의 다당합작제 및 정치협상제도, 소수민족 지역자치제도, 기층 군중자치제도 등으로 구성된 중국 특색의 사회주의민주제도가 오히려 여러 장점이 있다고 주장한다. 즉 이러한 제도들이 중국 인민의 공동체 전체 이익과 장기적 이익 그리고 근본 이익을 대표하는데 유리하고 개별 이익을 종합시키는데 유익하며 정치사회적 안정에도 유리하다는 것이다. 이는 중국 당국이 인민이 원하는 경제성장과 사회 안정 속에서 정치개혁을 추진해왔다고 평가하는 것이다. 그는 급속한 산업화 과정에서 심각한 사회적 갈등이 나타나지 않았으며 다른 자본주의 국가의 산업화가 제국주의 전쟁 등으로 나타난 것과는 다르게 전쟁의 유발 없이 평화롭게 부상한 점이 중요하다고 평가한다.

팡닝은 중국의 민주주의 길은 추상적인 시각보다는 역사적이고 구체적인 시각으로 분석해야 한다고 주장한다. 그는 이러한 관점에서 중국의 민주발전 역정은 첫째, 신해혁명 이후 신중국 성립까지의 민족자결 실현 단계, 둘째, 신중국 성립이후 개혁개방 이전까지의 사회평등 실현 단계, 셋째, 개혁개방 이후 현재까지의 광범위한 정치참여 단계의 3개 단계로 거쳐 왔다고 평가한다.[9] 팡닝은 또한 개혁개방 이후 중국의 정치개혁에 대해서는 4가지 중요한 개혁이 추진되었다고 주장한다. 첫째, 간부 '사화(四化)' 정책(혁명화, 연소화, 지식화, 전문화)과 같은 간부 인사제도의 개혁, 둘째 정치와 생산의 분리, 셋째, 정부 기능 간소화 및 권력하방 그리고 당정분리, 넷째, 헌법개혁을 통해 문혁 시절의 무정부적 4대 자유(四大自由: 大鳴, 大放, 大字報, 大辯論)를 폐지하고 사회주의법제를 회복한 것 등이 그것이다.

이러한 측면에서 팡닝은 마오쩌둥을 신중국의 사회주의민주 정치제도 건설의 공헌자라고 치켜세우면서도 마오쩌둥의 민주주의관이 결함을 가지고 있었다고 비판하기도 했다. 즉 팡닝은 마오쩌둥의 민주주의관은 법제 경시의 경향과 당의 영도 경시의 경향 등 두 가지 편향성의 문제가 존재했다고 지적한다. 우선 그는 마오쩌둥의 법제 경시의 경향에 대해 문화대혁명이

법제 파괴의 양상을 고스란히 드러냈다고 지적하면서 마오쩌둥이 1958년 8월 베이다이허(北戴河) 회의에서 논의한 법가의 법치와 유가의 인치에 관한 논쟁에서 법치보다는 인치가 사람들을 통치하는데 좋은 것이라고 주장했다는 점을 상기시켰다. 팡닝은 마오쩌둥의 당의 영도에 대한 경시 경향을 지적하며, 마오쩌둥이 당의 간부 부패에 대해 지나치게 엄격한 평가를 하고 대중들의 '대민주'에 대한 지나친 신앙이 있었다고 평가한다.[10] 이는 팡닝이 '중국특색의 사회주의민주'를 이야기하지만 그의 민주주의관은 사실 마오쩌둥주의와는 크게 거리가 있고 개혁개방 노선만을 철저하게 옹호하고 있는 것이라 평가할 수 있다. 실제 팡닝은 타이저우(台州) 지역에서 시장경제의 발전이 민주 정치의 발전에 직접적인 영향을 미쳤다고 지적하면서 사회주의시장경제와 사회주의민주정치가 상호 조응하며 발전하는 것이라고 주장하고 있다.[11]

또한 팡닝은 오늘날 중국의 정치개혁도 시대적 요구에 부합해야 한다고 주장한다. 결국 정치 제도화 수준이 사회적 현실과 사회발전 요구에 부합해야하며 이를 뛰어넘을 수는 없다고 보면서 중국적 현실에 맞는 정치개혁이 필요하다는 입장인 것이다. 이러한 점에서 팡닝은 특히 '중국 특색의 사회주의민주' 실현에 있어 중국적 상황에서는 선거민주주의가 맞지 않으며 대신 협상민주주의가 적합하다고 주장한다.[12] 그에 의하면 민주정치는 크게 선거민주주의와 협상민주주의로 나눌 수 있는데, 경쟁선거에 기반한 선거민주주의는 인민의 자기 의사 표현과 선택이라는 측면에서 그리고 인민의 감독(견제)이라는 측면에서 충분히 효과적이지만, 국론분열의 가능성이 높아진다는 단점이 있어 많은 개발도상국에서 국가적 혼란을 야기하는 원인을 제공하기도 한다는 것이다. 이에 비해 협상민주주의는 참여자가 동등한 지위를 가지고 이익 실현을 위한 협상을 벌여 최대공약수를 찾아가는 과정이어서 모든 참여자에게 이익이 되는 결과를 낳을 수 있다고 본다. 따라서 모순이 다발적으로 발생하는 시기에 협상민주주의는 사회적 모순을 해소하고 공감대를 형성하는데 유익한 만큼, 이러한 시기에 놓여있는 중국의 현 단계에서는 '협상민주주의'가 최적이라고 평가한다. 물론 팡닝은 중국의 기층민주 제도를 옹호한다. 그러나 그가 중국의 기층민주 제도에서 발전시켜야 할 것은 선거제가 아니라 좌담(懇談)과 같은 기층 당국과 주민간의 민주적 협의제도이다.[13]

결국 팡닝의 인식은 민주도 중국의 것이 좋다고 주장하며 중국은 중국의 길로 가야 한다는 보수주의적 태도로 귀결된다.[14] 이러한 점에서 팡닝은 공산당의 지배체제를 단순히 수용하는 수준을 넘어 적극적으로 옹호한다. 팡닝은 개혁개방 이후 '중국특색의 사회주의민주' 정치발전의 핵심은 중국 공산당의 영도(黨的領導), 인민의 주체화(人民當家作主), 법에 의한 국가 통치(依法治國) 등 세 가지 요소의 통일(三統一) 이라고 주장한다. 그는 삼권 분립이 서구 정치문명의 중요한 성과라면, 중국에는 세 가지 요소의 통일(三統一)이 중국 정치문명의 중요한 성과라고까지 높게 평가하고 있다. 이는 서구 민주주의가 견제와 균형에 의해 이루어지는 데 반해 중국의 민주주의는 협력과 단결에 의해 이루어져야 한다는 논리인데, 여기서도 팡닝의 민족주의적이고 보수적인 관점이 잘 나타나고 있다.[15]

결국 팡닝은 중국 내 대표적인 좌파 성향의 정치학자로 대중에게 알려졌으나 대부분의 좌파 지식인이 수용하고 있는 '마오쩌둥주의'와도 일정한 거리를 두고 있다. 즉 팡닝은 좌파 성향이라기보다는 민족주의 성향의 지식인이며 따라서 마오쩌둥주의에서 나타나는 보편적인 변혁 노선보다는 안정 희구적인 입장을 보이고 있다. 예컨대 그가 지지하는 1980년대 중국의 정치개혁이 문화대혁명의 '대민주(大民主)' 활동에 대한 교훈에서 비롯되었다고 주장하면서 문화대혁명에 대해 기본적으로 비판적인 입장을 나타낸다. 대신 그는 개혁개방 이후 중국특색의 사회주의민주 정치발전의 길이 형성되었다고 주장함으로써 사실상 개혁개방 정권의 중국 사회주의정치체제 개혁을 긍정적으로 평가하는 입장을 보인다. 따라서 팡닝은 중국 공산당의 입장을 충실히 전달하는 모습으로 비춰질 수 있었으며 이에 따라 자유주의 네티즌들에게도 어용학자라는 비판을 받아 왔다.[16]

흥미로운 점은 비록 일부 마오주의자들의 비판을 받고 있기는 하지만 팡닝은 여전히 민족주의좌파 그룹이 주축이 되어 구성된 '우여우즈샹(烏有之鄉, 유토피아) 그룹'에 포함되어 있어 좌파 네티즌들의 지지를 얻고 있다는 점이다.[17] 이는 민족주의좌파 그룹의 노선이 관방 담론에 흡수, 융합되었음을 의미하는 것으로 민주주의 모델 구축의 필요성을 부정하지는 않지만 이들은 민주주의 모델보다는 사회주의 생명력 유지에 더 많은 관심을 가지고 있으며 사회주의를 민족주의 선양의 수단으로 간주한다. 즉 지난 몇 세기 동안의 민족적 치욕을 씻고 세계 초강대국으로 재부상하기 위해서 중국은 자본주의 세계로의 종속의 길이 아니라 사회주의의 길을 유지하여야 하고 이를 위해서는 서구의 민주주의 모델이 아니라 독자적인 민주주의 모델을 모색해야 하는데 그 과정에서 공산당의 일당 지배가 훼손되지 않도록 해야 한다는 것이다.

따라서 팡닝은 중국에서 민주 확대의 근거로 '선거' 추진을 주장하지 않는다. '선거'는 중국에 분열을 가져오고 안정을 훼손시킬 가능성이 있다는 이유로 아예 부정될 수밖에 없다. 오늘날 중국에서 선거법에 근거하여 제한적이나마 기층선거가 실시·확대되어 온 점을 고려한다면, 선거민주주의 그 자체를 부정하는 팡닝의 정치개혁 노선은 현재 실행되고 있는 중국의 제한적인 '선거제'의 확대를 부정적으로 평가하는 입장이라 하겠다. 따라서 팡닝의 '사회주의민주론'은 사회주의민주주의 실현이라는 차원에서 인민대표대회의 실질화와 인민대표 선거의 제도화를 주장해온 가오팡의 '사회주의민주'론[18]에 비해서도 상당히 보수적인 입장인 것이다. 다만 팡닝이 지지하는 '협상민주주의'론은 중국 학계에서 두루 공감을 얻고 있는 새로운 중국식 민주 모델인 바, 이후 민족주의적 사회주의자 팡닝이 이러한 논의를 얼마나 심도 있게 전개해 나갈지 주목할 필요가 있다.

그러나 팡닝의 '협상민주주의'론은 그의 독창적인 구상이라기보다는 서구 선거민주주의에 대한 대항마로 중국 학계에서 최근 시류를 타고 떠오르고 있는 모델임을 감안해야 한다. 팡닝은 또한 타이저우 지역의 정치개혁 실험을 근거로 당대표대회 대표임기제와 당대표대회의 연례회의제(年會制), 당위원회 책임제 등으로 구성된 당대표대회 상임제, 즉 당대표대회의 상설화를 지지하기도 한다.[19] 그러나 이 역시 중국 공산당이 당내 민주를 실현하기 위한 정치개혁으로 판단하여 16차 당대회와 17차 당대회에서 이미 연속적으로 그 중요성을 언급하였고 일부 현(縣)급 지역에서 개혁실험을 추진해온 정책이라 새로울 것은 없는 주장이다.[20] 결국 팡닝의 중국 특색의 '사회주의 민주'론은 중국 당국의 입장과 보조를 맞추고 있는 전형적인 논리로 이해돼도 무방할 것이다. 또한 이러한 방안은 공산당 일당 지배하의 국가사회주의 정치체제에 대한 근본적인 혁신, 예컨대 새로운 민주적 사회주의 정치체제의 모색 등은 배제되어 있는 만큼, 중국 당국이 정치적 안정을 유지하기 위해 오히려 더 많은 사회적 비용을 치러야 하는 방안일 것이다.

::2 부
제3의 민주를
모색하다

중국은 서구 민주주의가 놀라운 강점을 가지고 있고 일정한 위엄을 탄생했음에도 불구하고 민주주의를 탈(脫)신화화할 필요가 있다고 인식한
다. 즉 좋은 의미체계를 싣넌 모든 것을 민주주의라는 바구니에 넣는 다면 민주주의는 실질적인 정체(polity)나 지배수단이 아니라 하나의 이
데올로기에 불과하다는 것이다. 이런 점에서 중국학계는 데모크라시(Democracy)를 재음미 해석한다. 이들 의 눈에는 데모크라시의 최초 중
국어 번역은 '민주'였지만, 그것은 '인민이 주인'이라 기보다는 '인민의 주의(主之主)'을 건축한다는 '선주(選主)'의 의미 가 강했다는 것이다.
그리고 역사적으로도 '민주'는 애초의 '나쁜 것'에서 '좋은 것'으로 변화했고 심지어 당시 정치엘리트들은 민주주의를 두려워했 으나, 민중의
요구를 역진시킬 수 없었기 때문에 수동적으로 수용한 것으로 보았다. 뿐만 아니라 대의제도도 '분권적 견제와 균형'을 표방
했으나 자유경 쟁 선거에서 다수의 참정기회가 사실상 제한되었고, 보통선거도 귀족적 성격 을 지니고 있다는 한계를 직격했
다. 요컨대 '자유, 헌정, 대의, 선거, 다원' 등의 서구적 민주주의의 개념을 광의의 민주를 구축하는 '세장(희)속 민주 주의'로
간주했다. 반면 중국은 혁명을 통해 사회주의 국가의 정당성을 획득했고, 마르크스 국가론의 관점에서 '민주가 곧 전정(專政)'
이라는 논리 속에서 일당체제를 유지해왔다. 이것은 '분권적' 견제와 균형과는 대비되는 '분업적' 견제와 균 형을 의미하는 것
이다. 중국식 민주의 또 하나의 중요한 특징은 가치 또는 이념체계로서의 민주와 도구적 성격의 '민주'를 구분하고 있는데 그 핵
심은 '누가 지배하는가' 보다는 '어떻게 지배하는가'를 주목하는 것으로 도구적 특징이 강했다.

시에타오(謝韜)의 '민주사회주의론'

시에타오[1]는 중국의 저명한 사회학자이자 철학가로 인민대학 부총장을 역임했다. 2007년 『염황춘추(炎黃春秋)』에 발표한 그의 "민주사회주의와 중국의 미래(民主社會主義模式與中國前途)"라는 글은 중국 내에서 민주사회주의 논의를 촉발시켰다.[2] 사회민주당 내지 사회민주주의의 이념적 지표라고 볼 수 있는 민주사회주의가 중국내에서 주목을 받은 배경은 '사회주의'의 과잉과 '민주주의'의 부족을 겪고 있는 중국의 정치적 상황과 출로에 대한 고민의 반영이었다. 이런 점에서 중국 당정도 혁명 원로인 시에타오의 글이 발표되자 개인 의견이라고 선을 긋고 불필요한 논쟁이 확산되는 것을 막았으나 이 토론을 완전히 봉쇄하지는 않았다. 결과적으로 중국 당정의 느슨한 통제가 활발한 토론을 불러 일으켰다고 볼 수 있다.[3]

이 토론은 대체적으로 민주란 무엇인가, 사회주의는 무엇인가, 마르크스주의와 중국이 가야할 길은 어디인가를 둘러싸고 전개되었다. '민주' 문제에 있어서는 절차와 방식, 즉 위로부터의 개혁에서 아래로부터의 유권(有權)운동과 계몽운동 등으로 발전했다. 사회주의와 민주사회주의의 관계에 대해서는 사회주의로의 평화적 이행의 문제, 마르크스주의 핵심과 이에 대한 비판 등이 쟁점이 되었다. 당 이론에 대해서는 조직원칙, 권력기구의 문제, 당 기율, 당의 구성방식이 쟁점이었고, 당의 방향성에 대해서는 사회주의 민주, 민주사회주의, 자유주의, 헌정민주 등으로 대립하면서 발전했다. 이 논의를 촉발시킨 시에타오의 논점은 다음과 같다.

"제2차 세계대전 이후 세계의 사회제도는 미국의 자본주의, 소련의 공산주의(폭력사회주의), 스웨덴을 대표로 하는 민주사회주의 제도가 있었다. 이러한 사회제도는 크게 자본주의와 공산주의가 민주사회주의로 수렴되었다는 점에서 사회주의와 자본주의의 관계는 계승과 발전의 관계이며, 전복과 소멸의 관계가 아니라는 것을 알 수 있다. 따라서 자본주의에서 사회주의로의 평화적 이행이 가능하기 때문에 과거의 잣대로 '민주사회주의'를 수정주의로 비판하는 것은 오류이다. 특히 1965년 세계자본주의 대회에서 채택한 『자본가 선언』의 기본강령인 (사회주의) 인민주권의 경험을 기초로 한 주식제 인민자본주의, 사회주의 복지제도의 경험을 기초로 한 복지자본주의, 계획경제의 경험을 기초로 한 계획자본주의 등에 비추어 보면, 선진자본주의 국가는 모든 신(新)자본주의가 되었고 그 정도는 다르지만 민주사회주의로 수렴되고 있다고 볼 수 있다.

그리고 중국도 현재 민주사회주의의 길로 가고 있다. 덩샤오핑의 개혁개방 정책에서 출발하여 후야오방(胡耀邦) 시기 채택한 인민공사 해체, 가정생산청부책임제와 다양한 소유제의 도입, 선부론(先富論), 14기 3중전회에서 계획경제를 버리고 사회주의 시장경제를 도입한 것, 2001년 장쩌민(江澤民)이 세계무역기구에 정식으로 가입하여 세계자본주의 경제의 궤도에 진입한 것, 전국인대 10기 2차대회에서 후진타오(胡錦濤)가 '3개대표론'과 사유제 보호조항을 헌법에 반영한 것 등은 모두 중국이 민주사회주의의 길로 접어든 시금석이었다. 민주사회주의의 문제의식은 개혁개방 이후 최대의 문제는 무엇이 마르크시즘이고 무엇이 수정주의인가, 마르크시즘의 정통은 어디에 있는가를 명확하게 구분하지 못한 데에서 출발했다. 이것은 그동안 '논쟁하지 말자(不爭論)'의 여파가 크다고 볼 수 있는 데 그 결과 중국내에서 좌파의 부활이 나타났다. 이런 점에서 마르크스-엥겔스의 만년(晩年)은 민주사회주의자였고 '사회주의로의 평화적 이행'을 주창한 사람이었으며, 민주사회주의가 사회주의의 적통이다.

또한 베른스타인도 마르크스주의의 폭력이론을 수정한 것이 아니라, 평화적 이행론을 제기한 것이었다. 이와는 달리 레닌은 제1코민테른의 폭력혁명파이자 파리꼬뮌의 군사지도자였던 프랑크주의의 영향을 받았다. 즉 생산력 발전 수준이 어떠하건 폭력혁명의 방식으로 착취 없는 새로운 세상을 만들 수 있다고 보았다. 『자본론』을 읽지 않았던 마오쩌둥도 바로 이러한 레닌주의를 차용했다. 그러나 마르크스주의의 근본원리는 생산력 발전이 전체 사회진보의 기초이며, 격차·빈부차이·사회적 분화는 생산력이 발전하고 사회적 재화가 증가한 결과라고 보았다. 전체적으로 보면 '반동(退步)'의 요소도 있고, 착취·압박·계급투쟁도 나타났지만 전체적으로는 진보하고 있다.

엥겔스는 만년에 이른바 '공산주의'라는 최고의 이상을 포기했다. 그 이유는 그가 부단한 발전론자였기 때문에 최종목표란 존재하지 않는다고 보았기 때문이다. 따라서 대중을 이끌고 가는 정당은 시대에 맞게 자신의 목표를 조정해야하며 이를 대중에게 알려줄 필요가 있다. 공산주의의 목표는 역사적 시대에 따라 내용이 구체적으로 변화하는 것이다. '장기적 이익'을 위해 '현재의 이익'을 부정하는 공산주의를 실현하기 위해 대중에게 고난을 참고 견디라는 논리는 공상적 사회주의이다. 이와는 달리 살아있는 마르크스주의는 노동계급과 대중에게 고(高)임금, 높은 복지를 가져다주는 민주사회주의이어야 하며 유토피아가 되어서는 안된다. '공부론(共富論)'은 부르주아가 프롤레타리아가 되자는 것이 아니라, 프롤레타리아가 부르주아가 되는 것이다. 이것이 사회민주당이 국가를 운영하는 지도방침이다.

민주사회주의의 특징은 따라서 일반 대중의 부유함과 정부 관리의 청렴함을 기본으로 한다. 이를 스웨덴의 민주사회주의에서 참고할 필요가 있다. 첫째, 민주헌정의 틀 내에서 대중의 이익을 대변함으로써 장기적 집정 경험을 축적한다. 둘째, 경제건설과정에서 효율과 공평을 통일시키고 함께 부유해지는 경험을 실현한다. 셋째, 노사관계를 정확히 처리하고 노동자와 기업가의 적극성을 동원하여 노사 쌍방의 이익을 동시에 실현한다. 넷째, 특권계층이 출현하는 것을 효과적으로 방지하고 관료가 특권을 이용해 사적 이익을 추구하고 비리를 저지르는 것을 단절시켜 청렴한 정치경험을 유지한다. 요컨대 민주사회주의는 '민주헌정이 핵심이고 혼합사유제, 사회주의 시장제도, 복지보장제도'를 결합한 것이다. 그리고 어떤 제도의 우열을 판단하는 것은 이론의 문제가 아니라 실천의 문제이다. 실천은 진리를 검증하는 유일한 기준이다. 오직 민주헌정만이 근본적으로 집권당의 부패를 해결할 수 있으며, 민주사회주의만이 중국을 구할 수 있다."

이러한 민주사회주의 논의는 다양한 맥락에서 논쟁이 전개되었다. 첫째, 주류(중국특색 사회주의)로부터의 비판이다. 즉 민주사회주의의 '민주'는 실질적으로 공산당원의 정권이 '비민주'라는 것을 의미하기 때문에 마르크스주의의 범주에 속하지 않으며 수정주의라고도 볼 수 없다는 것이다. 이런 연장선상에서 자본주의에 대한 인식, 지도사상, 추구하는 제도적 목표, 사회변혁의 방식, 생산수단 사유제에 대한 태도에서 근본적인 차이가 있다고 보았다. 엥겔스가 만년에 민주사회주의자였다는 것도 자의적 해석이라고 비판하고 있다. 마지막으로 정치형태에서 부르주아 정당의 집권을 반대한다는 점, 삼권분립과 같은 부르주아 독재를 비판한다는 점, 공유제의 주체적 형식의 폐기를 반대한다는 점, 지도사상의 다원화를 반대한다는 점에서 민주사회주의가 중국특색 사회주의는 아니라고 비판하고 있다.

또 하나는 비주류(자유주의)로부터의 비판이다. 경제적으로 노동자와 생산수단의 결합, 정치적으로 고도로 민주적이고 생산력도 고도로 발전되어 있는 것으로 보면, 향진기업의 민영경제로의 변화, 민영경제의 시장경제로의 변화는 일정한 의미에서 성과가 있다. 그리고 대중의 마르크스주의 계몽이라는 의미에서 중요하고 상징적인 의미가 있고, 당의 사상독점을 비판하고 있는 점은 의미가 있다. 그러나 자유주의자들은 "마르크스주의는 항상 참이다"는 것에 동의하지 않는다. 그리고 헌정민주에 대한 이론적 기여는 주로 로크, 몽테스키외 등 자유주의 사상가들에 의해 제기되었고, 사회민주당의 이 분야에 대한 이론적 기여는 매우 부족하며, 다양한 소유제의 병존에 대한 현실적 대안도 갖고 있지 않다고 비판하고 있다.

문제는 시에타오의 민주사회주의론은 국가사회주의와는 대별되는 개념으로 현실적으로는 사회민주당의 강령을 선택적으로 수용하고 있다는 점이다. 다만 사회민주주의가 아니라 민주사회주의를 택함으로서 사회주의를 개량한다기 보다는 사회주의의 '민주적' 통제에 초점을 두고 있다. 그러나 엄밀한 의미에서 사회민주주의(social democracy)는 민주사회주의와는 구별되는 개념이다. 사회민주주의는 19세기말 고전사회주의에서 나와 참정권 확대에 따라 혁명 대신 의회민주주의를 통해 점진적인 방식으로 자본주의에서 사회주의로의 평화적 이행을 강조했다. 즉 생산수단의 공적 소유와 공적관리에 의한 사회의 개조를 민주주의적인 방법을 통해 실현하려고 하는 것이다. 이와는 달리 민주사회주의(democratic socialism)는 계급투쟁과 폭력혁명을 부정하고 사회주의의 이상을 의회주의를 통하여 추구하고자 한다. 이들은 정치적 민주주의, 경제적 민주주의, 사회적 민주주의, 국제적 민주주의를 표방하고 있다. 특히 생산수단의 공유(公有)를 사회개조의 유일·절대의 방법이 아니며, 농업·수공업·소매업·중소기업 등 중요한 부문의 사적 소유와 양립할 수 있다고 본다. 즉 공유란 여러 수단 중의 하나일 뿐이라는 본래의 의미를 벗어나 최후의 수단으로 접근했다. 이러한 민주주의가 최고 형태로 발전하였을 때를 가리켜 사회주의라고 호명한다는 점에서 민주사회주의는 사회민주주의 내지 그 정당형태인 사회민주당의 이념적 지향점이라고 볼 수 있다.

무정부주의	사회주의	사회민주주의	자유주의좌파	자유주의우파	보수주의	극보수주의	파시즘

위의 도표에서 보았을 때 시에타오의 이념적 정향은 사회주의와 자유주의 좌파의 중간에 있다. 이를 중국적 맥락에서 보면 민주사회주의의 지향점은 마오주의와는 거리가 있고 현재 중국 당정이 주장하는 과학사회주의 노선의 사이에 있다. 국제적으로 민주사회주의는 선언·강령·사상·정책 등을 일관성 있게 설명할 수 있는 과학적 이론이 결여되었고, 종래 사회주의·공산주의를 뒷받침해 온 마르크스주의를 극복·대체할 수 있는 체계적·이론적 대안이 없다. 시에타오는 마르크스주의가 변화하고 있고 자본주의와 사회주의가 수렴되어야 하며 모든 이론은 시대에 부응해야한다(與時俱進)고 주장하면서도 마르크스주의가 핵심이며 그 원형을 민주사회주의 내지 사회민주주의 국가형태에서 찾고 있다. 이런 점에서 그는 베른슈타인의 수정주의적 계보를 잇고 있다고도 볼 수 있다.

다만 시에타오의 주장은 정치체제의 유연성(헌정민주)과 복지를 강조하고 있다는 점에서 정치체제 개혁을 주장하는 일군의 자유주의자들이나 복지사회주의를 강조하는 신좌파의 논의와도 일정한 공통분모가 있다. 사회주의 민주(socialist democracy)를 주장하는 가오팡의 견해를 빌리면, "민주사회주의를 참고하여 사회주의 민주를 발전시키자. 사회주의 민주만이 현재 중국에 가장 필요하며 중국을 구할 수 있다"는 논리적 구조가 성립된다.

이런 점에서 중국 정부도 자본주의의 과잉과 사회주의 과소를 해결하고자 하며 민생문제와 복지문제를 중시하는 가운데 이러한 민주사회주의의 현실 정치를 원천적으로 배제하기는 어렵다. 실제로 2000년 중앙당교는 후진타오 의 지시로 독일, 프랑스, 북유럽에서 서독의 사민당이 자기개혁을 단행하고 지지기반을 확대했던 역사적 경험을 연구한 바 있다.[4] 공산당 기관지인 『인 민일보』에는 '서유럽의 사회민주당은 새로운 계급구조의 변화에 어떻게 적 응하고 성장을 계속하고 있는가'라는 호의적인 글을 게재하기도 했다. 또한 2001년 5월 공산당 대외연락부는 『사회변화와 정당』이라는 주제로 세미나 를 개최하면서, 프랑스 사회당의 베르구니우(Alian Bergounioux), 포르투갈 사 회당의 코스타(Alberto Costa), 독일 사민당의 알베르제(Detlev Alberse) 등을 초청하기도 했다.[5] 물론 2006년 중앙선전부 조직선전문화 라인에 속한 '4개 일비(4個一批)' 이론팀의 보고서 내용과 같이 중국사회주의와 민주사회주의 는 사상이론, 경제, 문화, 사회건설 체계에서 근본적으로 다르다고 논박한 바 있으나, 그 논의 자체를 무화시키지는 않았다. 이런 점에서 중국내에서 민주사회주의의 지향은 현실의 영역으로 등장하면서 그 이념적 지향이 새롭 게 발전하거나 분화될 가능성은 여전히 있다. 특히 갈수록 사회적 격차가 확대되고 복지의 위기가 가중되면서 사회주의에서 '민주'의 문제를 질문하 고 있기 때문이다.

딩쉐량(丁學良)[1]의 '중국모델과 사회민주주의'

딩쉐량은 『중국모델의 혁신(辯論中國模式: Debating Chinese Model)』[2]을 통해 기존의 중국모델 논의를 평가하고 해석하는 한편 혁신의 방향을 제시하고 있다. 그는 기존에 중국모델을 설명해왔던 권위주의와 시장경제의 결합, 대외적 불간섭주의, 혼합경제(mixed economy) 등 주로 중국 발전의 예외주의(exceptionalism)을 설명해오거나 사직(社稷)체제와 같이 과도하게 중국적인 특수성을 강조하는 틀을 벗어나 좀 더 정치경제학적 잣대를 통해 중국모델을 해석했다. 이러한 연장 속에서 중국모델이 지녀야할 이념적 지향도 제시했다. 그의 논의의 핵심은 다음과 같다.

우선 중국모델은 '워싱턴 컨센서스'를 겨냥한 '베이징 컨센서스'의 개념과는 추상적 수준이 다르다. 이른바 '컨센서스들'은 상대적으로 정책수단의 선택을 주목하지만, 중국모델은 정치경제학적 차원에서 다양한 행위자의 상호관계를 검토하고 것이다. 즉 '워싱턴 컨센서스'와 '베이징 컨센서스'에서 전달하고자 하는 것은 '체계 변화의 actor-agent'라고 분류되는 의식적 행위 자가 자신의 입장이나 관점에서 견해나 의향, 목표, 제안 조치들을 평가하는 것이다. 그러나 중국모델은 행위자들이 전체 국면, 정세, 상황의 영향과 제약 속에서 객관적으로 만들어낸 최종 결과물을 보다 중시하는 것이다. 이런 점에서 중국모델은 완전한 기본 원칙과 신념체계로 구성된 고정된 프레임이 아니라 동태적인 과정이다.

둘째, 중국모델의 적용시점이다. 일반적으로 중국모델은 마오주의와 질적 으로 구분되는 개혁개방 시기에 주목했지만, 1970년대 말부터 1980년대 말 까지 10여 년 동안은 '모델'로 일컬어질 만한 것은 형성되지 않았다. 단지 이 시기는 새로운 사상, 관념, 가치 등이 형성되었고 향후 중국형 발전에 영향을 끼쳤다는 점만을 인정하고 있다. 이런 점에서 중국모델은 1989년 이후에야 비로소 하나의 틀을 갖추면서 형성된 것으로 볼 수 있다. 그 모델은 명확한 방향성과 정치체제 그리고 천안문사건 이후 새로운 개방정책과 국유 기업과 시장개혁, 엄격한 사회통제, 시장과 정부관계, 국가와 사회관계의 새로운 모델이 만들어진 것이다.

셋째, 중국모델의 기본적인 세 축은 핵심적 레닌주의, 중국 특색의 사회통 제시스템, 정부통제(管制)시장경제이다. 이 축들은 유기적이고 활력적으로 전체를 구성하고 있으며 어느 한 축이라도 부족하면 전체 형태가 변한다. 따라서 중국모델은 타국으로 수출하는 것이 불가능하고 보편성을 발견할 수 없다. 즉 중국모델이라는 경제성장의 기적을 수입하거나 수출하고 싶으면 나머지 두 축도 함께 수입하거나 수출해야 하는 것이며, 이중의 어느 하나를 선별하여 수출하는 것은 불가능하다는 점에서 제3세계 권위주의 국가의 매 력적인 모델이 아니다.

넷째, 중국의 발전 동력을 중국정치체제의 활력에서 찾았다. 중국과 달리 많은 동아시아 국가들이 모두 성공할 수 없었던 이유는 지배집단이 정권

유지를 유일한 목표로 삼았기 때문이었다. 중국에 있어 정권유지는 중국 공산당에게 중요한 목표이지만 유일한 목표는 아니었다. 따라서 이 점을 구분하지 않으면 '활력 있는' 일당정치 체제와 '활력 없는' 일당정치 체제의 차이를 이해할 수 없다고 보았다. 이러한 연장선에서 지난 20여 년간 중국은 세수자원을 확보하는 능력이 높아졌지만, 이것을 공공재정 영역의 유일한 목표로 삼지 않았다. 즉 국가가 약탈적 재정목표 속에서 수취를 확대하면, 국민경제는 갈수록 위축될 수밖에 없다. 이런 점에서 그는 중국과 다른 비(非)민주 정치체제를 구분하여 정당하게 평가해야 한다고 본다.

다섯째, 최근 중국의 발전은 새로운 현상이 아니라 '재부상'이다. 즉 고대 역사에서부터 18세기 초 이전 유럽의 산업혁명이 급속히 발전하여 큰 충격을 주기 전까지 중국의 생산기술과 경제조직, 시장화는 모두 세계 최고 수준이었다. 이런 점에서 최근 중국의 발전은 '재부상' 과정에 있고, 경제총량과 1인당 평균 GDP는 중국 역사에서 기록한 세계 최고 수준에는 이르지 못했다. 따라서 중국모델을 평가할 때, 주변 동아시아모델 국가들과의 수평적 비교와 함께 중국 역사상 도달했던 최고 수준과의 수직적 비교가 필요하다.

여섯째, 중국체제안정에 대한 재평가이다. 중국모델은 지난 20년 동안 설계와 운영에서 '안정이 모든 것을 압도한다'라는 틀을 사용했다. 그러나 안정을 최우선적으로 강조하면 무조건적이며 비용을 따지지 않으면서 사회를 왜곡시킨다. 현재 중국에서는 '모든 사람이 안정을 유지하자(人維穩一)'는 대중동원 캠페인을 쉽게 볼 수 있는데, 이처럼 특수한 시기적 경험이 일상화되면 악순환의 대가가 증가한다. 사실 중국모델은 사회적 공정성을 지키려는 요구와 효과적인 배상체계를 정책의 우선순위에 두지 않았다는 점에서 결함이 있다. 이것은 불가피하게 명목GDP 상승폭을 정치업적 고과의 척도로 삼고 일반 국민, 특히 사회적 약자의 권익이나 환경보호와 같은 공공이익은 가장 밑바닥에 두는 인센티브 메커니즘과 내재적으로 연결될 수밖에 없다. 이것이 중국의 부정부패의 메커니즘들을 보호하고 있고 불법과정에 있는 대다수 행위자들이 게임에서 퇴장되지 않은 원인이 되었다.

일곱째, 중국모델의 대안은 대중시장경제에 있다. 중국경제는 시장규모의 확대에도 불구하고 사실상 제한된 행위자들이 주도하는 소중(小衆)시장경제가 작동하고 있다. 그 결과 '나라는 부유하지만 백성은 가난하며', '관리들은 부유하지만 백성은 가난하고', '도시는 부유하지만 농촌은 가난한' 삼부삼빈(三富三貧) 구조가 형성되었다. 이러한 체제는 세계경제 위기가 오면 쉽게 동요하면서 전면적인 사회위기 또는 정치위기에 취약하다. 따라서 소중시장경제를 대중시장경제로 전환시키기 위해서는 인력자본의 소양을 높이고 보다 많은 국민이 창업할 수 있도록 합리적인 방안을 확대해야 한다. 이를 통해 일반 국민들이 부자가 될 기회를 얻고 민간의 소비능력을 확대시켜야 한다. 실제로 정부 관료의 통제력이 부족하면 민간자본주의가 발전하고, 정부가 강력해지면 민간자본을 정부통제 속에 끌어들여 실패한 경험은 중국근대사에서 쉽게 발견할 수 있다.

마지막으로 중국모델의 이념적 지향이다. 중국경제는 발전했지만, 효과적인 통제를 받지 않은 관료특권은 보다 정교해지고 심화되어 특권 자본주의로 발전했다. 이와는 달리 중국 민간과 체제 내부에서 제기되는 반부패 청렴정치의 요구는 점차 주변화되어 견제 역할을 제대로 하지 못하고 있다. 따라서 발전모델에서 막대한 이익을 누린 특수이익 집단의 저항을 극복하는 것은 중국모델의 새로운 도약에 있어 가장 어려운 도전이다. 이런 점에서 개혁 초기에 나타났던 '인민에게 빚을 갚자'는 관념을 계승할 필요가 있다. 이런 부채의식은 소중한 도덕적 유산이며 중국모델 전환의 윤리적 기반이기도 하다. 그렇지 못하면 일반 국민들이나 중산계층이 '개혁'을 부정적인 것으로 볼 수 있다.

딩쉐량의 중국모델의 이념적 지향에서는 고전 레닌주의에 대한 비판과 사회민주주의의 친화성을 발견할 수 있다. 그 핵심은 대중이 전면적으로 참여하는 정치개혁, 사회변혁, 경제전환의 정상적이고 원활한 경로를 통해 시장경제의 범위를 확대하고 수혜범위를 확장하여 보다 많은 일반인들이 국민 재화의 창출과 서비스 혜택을 받을 수 있도록 하는 것이다. 또한 시장경제가 사회적 약자에 가하는 충격을 감소시켜 보다 공정하고 지속적인 성장잠재력을 가진 사회경제구조를 만드는 것을 목표로 삼았다. 이런 점에서 그 가능성을 역사적으로 비(非)레닌주의 노동운동의 흐름을 주도한 사회민주노동당(社會民主工黨)에서 찾은 것은 자연스러운 일이었다. 사회민주노동당은 중도좌파적 정치세력으로서 주로 19세기말에서 20세기 초 자본주의 중심지역에서 수많은 약자집단의 이익을 대변했다. 이들은 법률이 부여한 권리를 확실하게 보장할 것을 요구하고, 법률이 아직 보장하지 않는 부분은 의회투쟁과 노동운동을 통해 보다 나은 입법을 실현하고자 하였다. 특히 자본주의 원시축적의 바퀴에 제동장치를 설치하고 새로운 운행규칙을 제정해야 한다고 주장했다. 이로써 자본주의 원시축적의 바퀴가 더욱 강력해지고 잔인해지는 것을 막고 그것이 모든 것을 억압하는 것을 저지해야 한다는 것이었다.

딩쉐량은 이러한 '제3의 길' 모델이 서유럽과 북유럽에서 최근 100년간 중요하고 안정적인 사회경제적 효과를 거두었다고 평가했다. 세계적으로 평균소득이 가장 높은 국가들, 법이 가장 공정한 국가들, 사회관계가 가장 조화로운 국가들, 정부와 기업의 부패지수가 가장 낮은 국가들, 사회복지가 가장 널리 보급되고 평균수명이 가장 높은 국가들은 대부분 사회민주주의라는 배경과 관련이 있다고 보고 이것이 중국모델의 혁신에 있어서 가장 중요한 관념의 근원, 제도정책의 근원이라고 보았다.

그의 이러한 민주주의 구상은 다음과 같은 특징을 지니고 있다. 첫째, 공산당 일당체제 자체에 대한 문제의식 보다는 이 체제가 역사적 소명을 다했다고 보고, 공산당 일당체제의 현실을 고려하면서도 의회사회주의 노선으로 이행하는 것이 사회주의의 본래적 의미를 확보할 수 있다고 보았다. 둘째, 비록 시장을 강조했으나 노동자의 권익을 제도적으로 확보하는 데 관심을 가졌다. 즉 노동자와 사회적 약자집단이 의회 선거를 통해 자신들의 정당과 합법적 노동조합을 조직하고, 자신들의 대표자를 선출하여 의회로 보내며 이를 헌법으로 보장하고자 했다. 또한 의회 내에서 토론이나 중간파 정당과의 동맹을 통해 노동자의 요구에 부합하는 정책을 제정하거나 개정하는 절차를 거쳐야 한다고 보았다. 이러한 점진적이고 합법적인 경로, 그리고 조직화된 여론과 법제도의 정비를 통해 경제영역에서 강력한 지위를 차지하고 있는 부르주아 계급, 지주 계급, 과두금융으로부터 노동자의 소득, 교육 기회, 사회 복지, 연금보험, 특히 아동과 여성의 권리와 같은 가장 기본적인 인도적 처우를 개선할 수 있다는 것이다. 셋째, 국가와 시장의 관계이다. 그의 문제의식은 최소국가와 시장의 확대(개혁 보다는 개방)에 경사되어 있다. 그러나 이것이 시장만능주의를 의미하는 것은 아니며, 중국에서 발생하는 부정과 부패는 모두 제한된 시장(통제받는 폭과 깊이에서 동아시아에서 가장 강력함)에서 나타나는 것으로 보았다. 따라서 대중경제시장에서만이 지대추구(rent-seeking), 특권, 부패현상을 극복할 수 있다고 보았다.

요컨대 그의 사회민주주의론은 중국내에서 논의되었던 시에타오(謝韜)류의 민주사회주의론과는 일정한 차이가 있다. 즉 일당체제 또는 일당체제 내의 사회주의 다당제를 강조하면서 당내의 '민주기획'을 강조하는 것과는 달리, 새로운 계급정당의 필요와 노동자의 권익보호, 자유의 확대 등 유럽형 사회민주주의 노선에 대체로 부합하고 있다. 그리고 그는 중국공산당의 역사적 정통성을 인정하고 여기에서 나타난 '정권유지 플러스'의 정책노선에도 정당성을 부여하고 있다. 더구나 중국모델의 혁신은 '인민에게 빚을 갚자'는 역사적 부채의식에서 출발해야 한다고 강조하는 점은 최근 조화(和諧)사회의 핵심인 민본주의(以人爲本)나 '민생은 최대의 정치'라는 후진타오 노선과 일정한 궤를 같이하고 있다. 이런 점 때문에 그의 책이 중국의 검열조건을 아슬아슬하게 통과하면서 출판될 수 있었다.

그러나 딩쉐량의 사회민주주의론도 많은 비판을 받았다. 그 핵심은 구체적

처방이 '무력하고' 서구 사회민주주의 국가들의 전환유형과 중국의 실제가 차이가 크다는 것을 의도적으로 주목하지 않았다. 특히 그가 주목하고 있는 독일 등의 체제전환은 세계대전에서 패한 후 다른 전승국이 강력하게 개조한 조건하에서 진행될 수 있었다는 점에서도 중국과는 현격한 차이를 보이고 있었다. 마지막으로 그가 강조하고 있는 중국의 개혁개방의 초심인 "인민에게 빚을 갚는" 이념적 지향이 무엇을 지향하고 있는 것인지, 이것이 곧바로 중국적 사회민주주의 가치의 원형인가에 대한 진지한 언급이 없다.

추이즈위안(崔之元)의 '자유사회주의론'

추이즈위안(崔之元)은 1963년 베이징에서 태어나 1985년 국방과학기술대학 시스템공정 및 응용수학과를 졸업했다. 1995년 미국 시카고 대학에서 정치학 박사학위를 취득하고 메사추세츠 공대(MIT) 정치학과 교수를 거쳐 현재 칭화대학(清華大學) 공공관리학원 교수로 재직하고 있다. 그는 중국의 경제개혁이 사회주의 역사경험의 합리적 요소를 살린 제3의 길로 가야 한다고 주장하는 대표적인 신좌파 지식인으로 알려져 있다. 최근에는 자신의 구상을 현실에서 실천하기 위해 충칭(重慶)시 국유자산위원회의 주임직을 겸직하며 이른바 '충칭모델(重慶模式)'의 이론적 자원을 제공해왔다.

이 글에서는 중국이 어떠한 사회로 가야하는지에 관한 자신의 선언을 담은 "Liberal Socialism and the future of China: a petty-bourgeois manifesto(自由社會主義與中國的未來: 小資産階級宣言)"[1] 논문을 중심으로 그가 구상하는 중국의 개혁모델을 살펴보기로 한다. 이 논문은 이미 한국에서 출판된바 있는

『중국은 어디로 가고 있는가』(창비, 2003)에 수록된 여러 편의 논문, 즉 "마오쩌둥 문화대혁명이론의 득과 실(1997)", "제도혁신과 제2차 사상해방(1994)", "중국은 어디로 가고 있는가(1998)"와 책의 대담인 "중국식 사회주의 길의 꿈(2003)", "안강헌법(鞍鋼憲法)과 포스트포드주의(1996)"에서의 주장과 중복되는 부분이 있으며 새로 보완된 부분도 있다.

추이즈위안은 오래전부터 자본주의와 맑스주의를 넘어서는 제도혁신과 노동자의 경영참가 등을 통한 경제민주 문제에 관심을 가져왔다. 최근에는 중국이 사회주의 역사적 경험의 장점을 살린 길을 가야한다는 주장을 이른바 '자유사회주의' 혹은 '쁘띠부르주아 사회주의'의 선언을 통해 펼치고 있다. 추이즈위안은 현재 세계 각지에서 맑스주의든, 사회민주주의든 이미 자신의 정치사상적 동력을 모두 잃었고, 신자유주의에 대한 환멸 역시 날로 커지고 있기 때문에 이에 대한 대안으로서 '쁘띠부르주아 사회주의'를 실현해야한다고 주장한다. 그에 따르면 '쁘띠부르주아 사회주의'의 경제적 목표는 기존 금융시장체제의 개혁과 전환을 통해 '사회주의 시장경제'를 확립하는 것이고, 쁘띠부르주아 사회주의의 정치적 목표는 '경제민주와 정치민주'를 확립하는 것이다.

그렇다면 '쁘띠부르주아 사회주의' 실현에서 그가 말하는 '쁘띠부르주아'란 과연 무엇인가? 추이즈위안에 따르면 새로운 역사적 주체로 선언된 쁘띠부르주아계급은 농민을 의미하며 이는 전통적인 마르크스주의에서 말하는 산업노동자들과도 다르고 경제발전과 함께 성장한다는 소위 중산계급과도 다르다. 세계자본주의체계에서는 산업화와 도시화가 진행됨에 따라 전통적인 농민이 도시 프롤레타리아 계급으로 전화된다고 보았지만, 추이즈위안은 이러한 고전적 사회주의의 시효가 이미 지났으며 농민이 쁘띠부르주아가 되고 이들에 의한 자유사회주의 건설이 가능하다고 본다. 그는 쁘띠부르주아 사회주의 구상을 중국의 '샤오캉(小康)사회 전면 건설'과 연결 짓고, 중국

혁명과 사회주의 건설, 특히 경제개혁 이후의 정책은 실제로 '쁘띠부르주아 사회주의'의 실천과 혁신을 포괄하고 있다고 본다. 즉 샤오캉 사회의 달성을 위해선 쁘띠부르주아를 사회 주류층으로 만들어야 한다는 것인데, 이러한 구상의 이론적 자원으로 계급연합을 지지한 초기 마오의 신민주주의 이론을 끌어오고 있다.

그렇다면 농민을 쁘띠부르주아로 만들기 위한 구체적인 방법은 무엇인가? 추이즈위안은 중국의 개혁과정에서 나타났던 많은 제도 실험들에 주목하며, 이러한 경험을 다양한 사상가들의 이론적 논의와 연결 지어 설명한다. 예컨대 프루동(Pierre-Joseph Proudhon)의 토지소유에 관한 구상과 점진적인 상호부조주의를 통해 중국 농촌개혁에서 나타났던 소유 형식이 농민을 착취하지 않으면서 생산의 사회화를 실현하는 방식이라고 보고 있다. 또한 존 스튜어트 밀(John Stuart Mill)을 통해 주주의 유한책임의 계보를 살펴보면서 현대기업제도가 필연적으로 자본주의의 제도는 아니라고 본다. 제임스 미드(James Edward Meade)의 '전도된 국유화' 구상과 중국 국유주의 출자정책이 서로 유사하다고 보면서, 이러한 제도는 정부가 주식을 보유함으로써 사회배당금으로 재정을 조달할 수 있고 모든 사람에게 최소한의 소득을 보장함으로써 동시에 노동시장의 유연성을 확보할 수 있는 것이라고 주장한다. 동시에 제임스 미드의 노동·자본 협력관계(labour-capital partnerships)와 사회배당금(social devidend) 개념을 통해 중국의 '주식합작제'를 이해하고자 했다. 또한 대량생산의 새로운 형식인 포스트포드주의는 바로 쁘띠부르주아 사회주의의 경제민주 이상과 규모경제를 결합시킨 것이라 보면서, 이러한 포스트포드주의에 따라 '무재고 생산'과 '품질관리'를 성공적으로 실시한 사례로 상하이(上海) 바오강(寶鋼)철강공사를 꼽고 있다. 바오강의 '사회적 분업'의 실천을 통해 볼 때 중국에는 이미 '노동자 자주참여'나 '팀 협력'을 특징으로 하는 '포스트포드주의 생산방식'이 출현했다는 것이다. 또한 페이샤오퉁(費孝通)과 로베르또 웅거(Roberto Unger)의 '소상품생산

(petty commodity production)'에 대한 관심을 환기시키며, 좌파가 권리라는 용어를 포기할 것이 아니라 적극적으로 재해석해야 한다고 주장한다. 즉 자유주의에 반대할 것이 아니라 권리체계의 재구성을 통해 자유주의라는 전통적 형식을 변화시킴으로서 자유주의의 갈망을 실현하는 이른바 '초자유주의'를 실현해야 한다는 것이다.

그밖에 추이즈위안은 다양한 공유제 실현을 현실화시키기 위한 이론적, 역사적 자원을 많이 언급하고 있다. 서구 복지국가에서 제공하는 조건적 실업급여가 아니라 경제적 시민권 차원에서 이해하는 '사회배당금'의 개념이라든가, 게젤(Silvio Gesell)의 '스탬프 화폐' 구상을 통해 시장경제를 폐지하지 않고 금융체제 개혁과 혁신을 통해 더욱 자유롭고 평등한 시장경제를 모색하려는 구상들이 그 예이다. 이러한 제안은 '기본 소득제', '협동조합모델', '지역화폐' 등의 방식으로 세계자본주의 지역 곳곳에서 이미 실험되고 있기도 하다.

〈공산당 선언〉 앞뒤의 형식을 그대로 빌려와 "쁘띠부르주아만이 전 인류를 해방할 수 있다, 전 세계 쁘띠부르주아 사회주의자여 단결하라!"를 외친 이 글은 물론 중국 현실에 대한 실증 분석이라기보다는 선언적이며 규범적 분석에 가깝다. 중국에서 변혁 주체는 바로 쁘띠부르주아이어야 하며, 이들이 바로 샤오캉 사회 건설의 목표이자 주체이어야 한다는 것이다. 즉 중국적 맥락에서 이상적인 사회주의를 실현하기 위해서는 농민의 프롤레타리아 계급화가 아닌 농민을 쁘띠부르주아로 만들어 샤오캉 사회를 건설하고 자원을 사회주의적으로 관리해야 한다는 것이다. 추이즈위안은 이러한 사회 건설을 통해서만이 전통적인 맑스주의의 문제와 금융자본주의의 폐해를 극복할 수 있다고 본다.

그는 자신의 이러한 구상을 단지 이론적 논의에 그치지 않고, 최근에는 충칭시의 자문을 맡아 자신의 사상을 구체적인 정책을 통해 실현시키려했다.

추이즈위안이 말하는 '충칭모델'은 주로 국유자산가치의 증대를 통해 민간경제를 발전시키는 것으로, 그는 충칭모델을 국유기업과 소유제 구조 개혁의 새로운 모델로 본다. 그는 충칭 지역의 낮은 수준의 기업소득세가 민간기업 발전이나 외자유치에 유리하다고 본다. 충칭이 낮은 기업소득세를 유지할 수 있는 이유는 국유기업을 전부 사유화하지 않았기 때문인데, 국유기업에서 창출한 이윤을 다양한 사회투자에 쓰기 때문에 정부가 세수에 지나치게 의존할 필요가 없으며 그만큼 기업소득세를 낮게 거두어도 된다는 것이다. 추이즈위안은 바로 이러한 실험이 자유주의와 사회주의의 결합으로, 낮은 소득세로 민간경제의 발전을 도모하고 동시에 공유자산으로 세수에 대한 의존을 감소시킬 수 있는 '자유사회주의' 발전모델이라고 본다. 즉 충칭모델이 민생개선을 통해 내수 중심 경제발전을 모색하는 것으로, 국유기업 및 토지개발에서 나온 수익을 민생 개선에 활용하는 "마오쩌둥(毛澤東)과 덩샤오핑(鄧小平) 사상의 장점을 결합한 실험"이라고 주장한다.

그러나 경제민주를 실현하기 위해 오랫동안 이론적 탐구에 매달려왔던 그의 구상이 구체화된 '충칭모델'은 현실 정치에서 많은 논란을 불러일으켰다. 과거 정치운동 방식으로 다시 혁명문화가 강조되었고, 농경지를 정부에 반환하고 대신 도시 호구를 얻는 농민들이 쁘띠부르주아가 될지, 아니면 도시 빈민으로 전락할지도 미지수다. 무엇보다 이러한 방식이 평등한 주체 간의 협의를 통해 아래에서 위로 추진되는 방식이 아니라 다시 강력한 국가의 힘이 부각되고 칭송되고 있다는 점도 문제였다. 이러한 논란 속에서 충칭시 당서기였던 보시라이(薄熙來)가 낙마한 이후 공식적인 자리에서 '충칭모델'에 관한 논의는 사라졌다. 그러나 여전히 일부 지식인들과 인민들은 민생건설에 주력했던 충칭에서의 실험이 좋은 것이었다고 평가하고 있다. 추이즈위안 역시 현재 시점에서 민생에 주력해왔던 충칭에서의 경험이 전국적으로 추진될만한 보편적 의미를 지니고 있으며, 다양한 제도와 정책의 혁신을 실현함으로써 충칭은 이미 '자유사회주의' 단계로 접어들었다고 평가하고 있다. 즉 정치적 논란이 된 '충칭모델'은 사라진다 해도, 경제적 민생실험의 장이었던 '충칭경험'은 현재 중국의 정세 속에서 여전히 유효하다는 것이다.

　그렇다면 추이즈위안이 구상하는 중국의 정치개혁은 어떠한 체제를 지향하는가? 그가 구상하는 정치체제는 '공유제에 기초한 민주체제'이다. 그는 서구자본주의 역사에서 민주와 자본주의가 하나의 공생체로 결합해왔다는 사실을 비판하면서 사유제에 기초한 서구식 민주가 아닌 공유제에 기초한 민주를 주장한다. 즉 "두 개의 중심 논점과 한 개의 기본 제도"를 주장하는데, 첫 번째 논점은 "공유제는 충분한 민주의 보장이다"라는 것이고, 두 번째 논점은 "민주가 없으면 진정한 공유제도 없다"는 것이다. 요컨대 민주와 공유제의 상호 보증관계를 강조하고 있다. 또한 그가 말하는 기본민주제도란 '비(非)정당식 경쟁선거제도'를 가리킨다. 예컨대 대중매체의 보급으로 정보가 신속히 전달되면서 대중들은 더 이상 소속 정당에 따라 정책을 판단하지 않으며, 중국의 촌민선거에서도 상당부분 당원 여부와 관계없이 능력자가 당선된다는 사실에 주목한다. 한마디로 추이즈위안이 구상하는 정치체제는 '공유제 기초의 비정당식 경쟁선거제도'라 할 수 있다.[2]

　이러한 '비정당식 경쟁선거제도'의 구상에 대해 그가 구체적인 논지를 개진한 것은 아니다. 따라서 중국의 정치적 토양에서도 경쟁원리의 선거제도를 결합시킬 수 있다는 구상이겠지만, 이것이 일당지배체제라는 제약 속에서 택해진 불가피한 것인지, 아니면 나름대로의 정치체제개혁 구상이 있음에도 아직은 주장할 수 없는 것인지 애매하다. 왜냐하면 쁘띠부르주아 사회주의 아이디어는 이론적으로도, 역사적으로도 민주체제와 결합되어 나타났기 때문이다. 따라서 그가 제기하는 제도적 실험들이 비민주 체제에서 어떻게 실현될 수 있을지 의문이며, 결국 강력한 정부에 의존하는 형식으로 나타날 수밖에 없는 한계를 갖고 있다. 이러한 점에서 그가 제기하는 비정당식 경쟁

선거제도는 현실정치에서 중국의 일당지배를 정당화하는 논리로 활용될 여지가 크며, 때문에 일각에선 그를 이미 관변학자로 평가하기도 한다.

또한 그가 새로운 제도혁신으로 높이 평가하고 있는 '주식합작제'는 이미 현실적으로 그 의미가 많이 퇴색되었다. 지방정부가 재정확보 등의 이유로 대부분의 공유 재산을 사적 재산으로 탈바꿈하는 과정에서 '주식합작제' 형식은 점점 사라져갔다. 또한 신생 노동자 대부분이 시장논리에 따라 비정규직으로 대폭 확대된 과정에서 노동자주식의 혜택을 받는 소수의 특권 노동자와 다수의 비정규직 노동자간의 갈등과 균열의 문제도 간과하고 있다. 즉 공동체 구성원 간의 평등한 경제적, 정치적 권리를 강조하며 제기하는 '자유사회주의'의 문제는 여전히 '누구를 위한 자유인가'라는 자유의 범위 문제를 극복하지 못하고 있다. 이밖에도 포스트포드주의를 포드주의의 대안모델로 지나치게 낙관적으로 파악하고 있는데, 기업 내에서의 생산방식 변화에 집중하다보니 '생산의 전지구화'라는 이름으로 확산되어온 수직 통제적 하청구조 속에서의 노동 차별과 억압의 문제도 간과하고 있다.

결국 문제는 그가 실현하고자 하는 '경제민주'의 다양한 제도혁신을 현실적으로 가능하게 만들어주는 정치적 조건은 무엇인가에 있다. 지난 10여 년간 뚜렷한 사회현상으로 대두된 중국의 계급 문제를 어떻게 인식하고 있는가? 이러한 부분에 대해 추이즈위안은 아직 대답을 내놓지 않고 있지만, 그의 현실 실험이 어떻게 진행되고 있으며, 대중들에 의해 어떻게 평가받을지 주목해봐야 할 것이다.

장무성(張木生)의 '신민주주의 회귀론'

 새로운 세대로 권력교체가 진행된 최근 중국이 어떠한 길로 가야하는지에 관한 논의로 뜨겁다. 그중에서 혁명2세대(紅二代)인 장무성(張木生)은『우리의 문화역사관을 개조하자(改造我們的文化歷史觀)』라는 책을 통해 중국 공산당의 집정노선이 신민주주의로 회귀해야 한다고 주장하여 중국 정계와 학계의 주목을 받고 있다.[1] 이 책에서는 주로 역사학자 리닝(李零)의 사관을 통해 기존의 서구중심적 시각을 비판하고 중국과 서구의 문화적 차이를 분석하면서 중국이 가야할 길을 제시하고 있다. 중국의 前 국가주석 류샤오치(劉少奇)의 아들이자 현 총후근부장인 류위안(劉源) 장군이 책의 서문을 써서 더욱 관심을 끌었다. 특히 장무성 자신이 2011년 '좌·우, 중도' 각계 각파에서 조직한 각종 정치 집회, 학술 토론회, 역사사건 기념 좌담회 등을 쉬지 않고 다녔고 언론과의 인터뷰에서 신민주주의로의 회귀를 강하게 주장하면서, 인터넷에서는 그의 이러한 주장이 5세대 지도부의 통치이념이 될 것이란 전망

도 나오고 있다.

이와 같은 전망이 나오는 것은 그의 출신배경이나 이력 때문이다. 장무성의 부친인 리잉지(李應吉)는 노당원 출신으로 혁명지도자인 둥비우(董必武)와 저우언라이(周恩來)의 비서를 역임했고, 문혁 초기 대외경제무역위 기관 내부의 파벌 투쟁과정에서 희생되고 만다. 장무성은 문혁이 발생하기 전인 1965년 천보다(陳伯達)의 아들 천샤오눙(陳曉農)과 함께 내몽고 린허(臨河)로 삽대(揷隊: 인민공사에 들어가 농민과 똑같이 생활하는 것)를 간다. 당시 농촌으로 하방(下放)된 대개의 지식청년들이 그랬듯이 장무성 역시 정치적 혼란 속에서 사회로 쏟아져 나온 각종 서적들을 섭렵하며 스스로 비판의식을 고취시키고 이론체계를 갖춰나간다. 1968년 그는 "중국 농민문제학습: 체제문제에 관한 탐구"라는 글을 써서 지식청년들 사이에서 이른바 '장무성 선풍'을 일으킨다. 그는 맑스-레닌과 마오의 말을 인용해 중국농촌문제를 분석하면서, 과도적 단계에서 삼자일포(三自一包)[2]나 사대자유(四大自由)[3]는 일정한 범위 내에서 생산을 촉진할 수 있다고 주장한다. 이 글로 인해 그는 감옥에 갇히게 되지만, 혈통론을 비판한 위뤄커(遇羅克)나 개인숭배를 비판한 장즈신(張志新)이 사형선고를 받은 것과는 달리 8개월간의 옥살이에 그친다. 그는 이것이 자신의 출신배경과 관련이 있음을 부인하지 않는다.

문혁 이후 그는 중국사회과학원 농촌경제연구소에서, 1984년 이후에는 농촌개혁의 아버지라 불리는 두룬성(杜潤生)이 이끄는 중앙서기처 농업정책 연구실에서 일하게 된다. 두룬성은 1982년 중앙1호 문건의 초안을 집필했던 인물로 공식적으로 포산도호(包産到戶)의 합법성을 확립한 인물이다. 당시 두룬성의 주변에는 왕샤오창(王小强), 저우치런(周其仁), 린이푸(林毅夫), 왕치산(王岐山) 등 일군의 젊은이들이 있었고, 이들의 주요 연구기관은 삼소일회(三所一會)[4]였다. 그러나 1989년 천안문사건 이후 연구소가 폐쇄되면서 장무성은 훗날 중국세무보(中國稅務報)의 사장 겸 편집장으로 자리를 옮기게 된다.

장무성 자신도 인정하듯 그의 신민주주의관은 두룬성의 영향을 받은 것이고, 2007년 두룬성은『당대중국과 신민주주의 구조』라는 저서에서 신민주주의 이론의 역사를 지적한 바 있다.[5] 장무성은 자신이 제기하는 '신민주주의 회귀론'이 보편가치론이나 원리적인 사회주의보다 훨씬 더 중국사회를 응집시키고 좌우를 초월하여 현실화할 수 있다고 믿고 있다. 현재 체제위기에까지 다다른 심각한 중국의 문제를 풀 수 있는 것은 신민주주의 해법밖에 없다는 것이다. 중국의 정통성을 신민주주의 혁명에서, 다시 신민주주의 사회 건설을 위한 초기 지도부의 사상에서 가져와 이를 다시 개혁의 역사와 연결시키고 있다.

그렇다면 장무성은 왜 지금 신민주주의 회귀론을 주장하는가? 우선 그의 문제의식의 출발점은 현 중국사회에 대한 위기의식과 자성적 비판에서 비롯된다. 그는 개혁 이후 악화된 관료부패와 양극화, 복지위기 등의 문제를 해결하지 않으면 체제 존속이 불가능하다고 본다. 장무성은 "우리는 노동자 농민을 소외계층으로 만들었고 일말의 합법성도 사라졌다"고 솔직히 말하면서, 관료와 자본의 결탁, 권력의 자본화, 탐관오리 문제를 매섭게 비판한다. 그는 개혁개방이라는 커다란 방향은 틀림이 없으며 경제적으로는 80%의 신민주주의를 실현했지만, 원래 신민주주의가 내포하고 있던 "공과 사를 같이 고려하고, 노사 양측을 모두 유리하게 하며, 복지혜택이 골고루 돌아가게 한다(公私兼顧, 勞資兩利, 統籌四面八方)"는 정신을 실현하지 못했기 때문에 양극화가 생겨난 것으로 본다. 즉 경제적으로는 중국 1세대 지도부가 제기한 신민주주의 노선을 집행했지만, 정치적, 사회적, 문화적으로는 이러한 노선을 집행하지 않았기 때문에 현재의 위기가 발생했다고 본 것이다.

장무성은 현재 중국이 직면한 위기 해결을 위한 수단으로 신민주주의 회귀론을 제기하고 있다. 장무성이 주장하는 신민주주의론의 근거는 마오쩌둥의 1942년판 〈신민주주의론〉이다. 이 저작에는 "신민주주의의 통솔아래 100년간 자본주의를 발전시킨다"고 씌여 있었지만, 해방을 전후로 마오의 국제정세 판단이 달라짐에 따라 3차례의 수정을 진행하였고, 이에 따라 점차 원래의 신민주주의에서 멀어져갔고, 결국 신민주주의를 완전히 포기하게 되었다는 것이다.

신민주주의는 원래 1938년~1948년 역사과정을 거치면서 형성된 이론으로 중국혁명의 과정에서 사회주의 혁명 이전에 신민주주의의 과도기 단계를 거쳐야 한다는 이론이다. 건국초기만 하더라도 중국의 주요 지도자들은 사회발전단계론에 있어서 소련과의 차별성을 명백히 인식했고, 중국에서 사회주의 사회를 건설하기 위해서는 장기간의 신민주주의 단계를 거쳐야 한다고 강조했다. 즉 마오가 제기한 신민주주의론에 입각하여 역사단계를 신민주주의 – 사회주의 – 공산주의 단계로 인식하였다. 신민주주의론에 따르면 공산당 영도아래 노동자와 농민, 소자산계급, 민족자산계급 등 광범위한 사회세력들이 연합하여 정치적 연합을 구성하고 공유제 뿐 아니라 사유제도 함께 공존하는 혼합경제를 추진한다는 것이다. 즉 신민주주의라는 과도시기에 진행되는 신경제정책은 미래 사회주의 건설을 위해 찾아낸 가장 좋은 과도적 형식이자 중간 고리라는 것이다. 때문에 신민주주의 시대에서는 공산당의 영도아래 백여 년간 자본주의를 발전시키고 선진국가의 반열에 들어선 뒤에야 사회주의를 발전시킬 수 있다고 본다.

그러나 이와 같은 인식은 1953년에 마오가 과도기 총노선을 제기하면서 대폭 수정·조정된다. 신민주주의가 중단된 것은 표면적으로 1953년 이후지만, 실제로 1948년에 개최된 7기 2중전회 당시부터 마오의 인식이 바뀐다. '상당히 긴 시간'동안 유지해야 하는 신민주주의는 '초급 사회주의'로 변하고, 마오는 민주혁명과 사회주의혁명을 한꺼번에 처리하는 것이 가능하다고 본다. 이에 따라 1949년 신중국 성립이후 사회주의 사회를 건설할 때까지를 하나의 과도기로 규정하는데, 즉 신민주주의 단계는 1949년에 실질적으로 종결되었고, 1949년 이후 중국은 사회주의 사회로 이행하는 과도기가 시작되었다는 것이다. 그러나 1953년 과도기 총노선을 제기한 지 불과 3년만인

1956년에 사회주의적 개조를 완수했다고 선포하고, 이후 마오는 사회주의 사회를 하나의 거대한 과도기로 보면서 계급투쟁을 강조하고 자본주의 요소의 척결과 공유제의 확대를 강조한다. 이렇듯 성급하게 신민주주의를 포기한 마오는 사회주의를 자본주의에서 공산주의로 이행하는 장기간의 과도적 시기로 간주하였고(이른바 대과도기론), 이런 이행기의 특성상 사회주의는 늘 자본주의로 복귀할 위험성을 내재적으로 지니고 있는 것으로 보았다.

이후 중국의 개혁파는 중국에서 사회주의적 개조를 완성한 1956년 이후를 사회주의 초급단계로 설정해야 하며, 이 시기의 과제는 신민주주의 단계에서 완성했어야 할 역사적 과제, 즉 경제발전과 생산력의 제고를 계속 추진함으로써 사회주의로 나아갈 수 있는 물적 토대를 구축하는 것이라고 인식한다. 물론 이들은 1956년 사회주의 개조를 인정하지만, 생산의 사회화와 현대화가 충분히 발전하지 않은 상태에서 선포된 것이기 때문에, 초급단계의 사회주의라는 성격을 지닌 것으로 본다. 이런 점에서 중국 개혁파는 사회발전단계를 신민주주의 – 사회주의초급단계 – 사회주의고급단계 – 공산주의로 인식한다는 것을 알 수 있다.

반면 장무성은 신민주주의론이 덩샤오핑이 제기했던 '중국특색 사회주의'나 '사회주의 초급단계'의 이론적 기반을 제공했고, 중국특색 사회주의 이론과 신민주주의는 사실상 일맥상통한 것이라고 본다. 신민주주의는 자본주의도, 사회주의도 아니며, 공산당이 영도하고 노농연맹을 기초로 하여 자본주의발전을 허용하는 경제, 정치, 문화, 사회적 구조라는 점에서 중국특색 사회주의와 이어진다는 것이다. 즉 장무성의 시각에 따르면 신민주주의 단계가 곧 사회주의 초급단계라는 것인데, 이렇게 되면 신민주주의는 이미 사회주의 단계로 들어선 것이며, 따라서 1956년의 사회주의 개조 선언은 잘못된 것이 되고 만다. 게다가 1949년 이후의 역사를 모두 신민주주의, 즉 사회주의초급단계로 보게 되면, 중국의 공식적인 입장인 신민주주의 – 사회주의개조 – 사회주의초급단계(중국특색의 사회주의)라는 관점에서 볼 때, 사실상 사회주의의 역행 과정, 즉 사회주의에서 다시 신민주주의로 후퇴한 것이 되고 만다.

장무성은 마오쩌둥의 신민주주의론은 현 단계에서 중국에게 유일하게 가능한 방향이라고 본다. 중국의 문제를 해결하기 위해선 민주사회주의나 서구의 보편적 가치관 모두 적합하지 않다고 본다. 중국이 보편적 가치를 실행한다면 그 결과는 분열이 될 것이며, 민주사회주의를 강조할수록 마르크스-레닌과는 멀어지게 되고, '제3의 길'은 모두 역사적으로 실패했다고 본다. 반면 신민주주의는 마르크스주의 역사관을 받아들여 자신이 처한 사회적 환경과 후발형 국가가 당면한 문제를 분석하여 자신의 답안을 찾아낸 것으로 본다. 즉 공산당이 영도하고 노농연맹을 기초로 자본주의 발전의 허용과 조정을 가능하게 만드는 이론이라는 것이다.

장무성은 신민주주의의 구체적인 정책으로 첫째 국가의 기존 자산을 사회복지기금으로 바꿔 아직 부유해지지 않은 70% 인민의 민생문제를 해결한다, 둘째 노동자와 농민에게 스스로 조직을 갖도록 허용함으로써 합법성을 세운다, 셋째 자본주의 발전을 허용하는 동시에 자산계급을 통제한다는 내용을 제시한다. 장무성은 이렇게 함으로써 "견제와 균형이 존재하고 헌법도 있으며, 당 내 파벌의 합법화, 언론의 공개와 자유, 사상의 자유와 독립 등을 모두 일당 안에서 해결할 수 있다"고 보고 있다.

장무성에 따르면 신민주주의로 분배를 해결하는 것은 매우 간단하다. 현재 누적된 국유자산이 100조위안, 은행자산이 100조인데, 이를 진정한 전민소유의 공동기금으로 전환하여 13억으로 나누자는 것이다. 단 조건은 주식을 전매해서도 양도해서도 안되고 매년 이익을 나누며, 부자에게도 몫이 있지만, 파산했을 때에만 이 몫을 쓸 수 있는 것으로 한다는 것이다. 만약 이러한 공동기금으로 70% 취약계층집단의 교육, 의료, 사회보험, 공공주택의 문제를 해결할 수 있다면 최소한 70%의 사람을 집정기초로 끌어들일 수 있고, 이를 기초로 20~30년간 고속발전을 할 수 있다고 본다.

또한 중국민주를 해결하는 경로로 첫 번째 당내민주와, 두 번째 인대에 비당원과 비간부의 비율을 확대하는 것을 제시한다. 그는 관료재산공개재도를 실시해야 한다고 주장하며, 18대 이후에는 반드시 실시해야 한다고 주장한다. 반면 언론매체의 개방에 대해서는 여전히 공산당 영도를 고수하는게 좋고, 경선 역시 자본주의가 충분히 발전한 2049년 이후에나 실시하는 것이 바람직하다고 본다.

이처럼 그가 제시하는 구체적인 정책으로 볼 때, 장무성이 다시 신민주주의를 불러오는 이유는 바로 공산당의 합법성 재정립을 위해서이다. 요컨대 지금은 개혁하지 않으면 안되는(不改不行) 상황으로 반드시 개혁이 필요하지만, 공산당이 개혁의 절대적인 영도권을 장악한다는 것이 전제이며, 공산당의 집정지위를 회복하고 공고화한다는 것이 목표이자 모든 개혁의 귀착점이다. 따라서 그가 제시하고 있는 전인대 강화나 당내 파벌 공개화, 노조나 농민조직의 자율성 강화, 언론규제 완화 등의 새로운 해법들은 반드시 일당체제 아래에서 이루어져야하고 당이 모든 것을 통제하고 관리해야 한다는 것이다.

장무성이 제기한 신민주주의 회귀론은 현재 중국의 다양한 정치세력이 제기하는 요구들을 동시에 만족시켜줄 수 있는 여지가 있다. 예컨대 공산당 영도에 대한 강조는 당내 좌우를 막론한 공통된 주장이고, 통제 자본주의나 절제 자본주의 등의 구상은 신좌파들로부터, 또한 사법독립이나 노조나 농민협회 조직 등의 주장은 자유파에서도 수용할 수 있는 내용이다. 정견 간의 경쟁을 특징으로 하는 18대 세대교체의 상황에서, 장무성이 제기한 신민주주의 회귀론은 상대적으로 비용도 낮고 효과도 좋은 공약수가 될 수 있다.

그러나 장무성의 신민주주의 회귀론은 이론적으로나 실천적으로 문제가 있다. 우선 그가 신민주주의론을 주장한 배경은 현재 중국 공산당이 직면한 합법성의 위기를 해결하기 위한 하나의 방법으로 제시한 것이지, 어떠한 중국을 설계할 것인지에 대한 이론적 제안은 아니다. 또한 신민주주의를 하나의 수단으로 생각한 결과 그는 논리적으로도 오류를 범한다. 즉 중국 사회주의의 핵심적 특징은 당 영도인데, 당 영도에 위기가 왔다는 것은 곧 사회주의의 위기라는 의미이다. 그런데 이러한 사회주의 위기를 해결하기 위해 장무성은 신민주주의적 방법을 써야한다고 주장한다. 신민주주의의 최종 지향점이 사회주의인데, 그 사회주의를 구하기 위해 신민주주의적 방법을 쓴다는 것은 논리적으로도 맞지 않다.

현실적으로 장무성의 국제정세 인식에도 문제가 있다. 그는 신민주주의를 처음에 제기했던 당시 정세는 공동의 적이 파시스트였고, 미소가 연맹이었기 때문에 가능했지만, 이후 냉전이라는 상황에서 신민주주의를 어쩔 수 없이 포기할 수밖에 없었다고 본다. 반면 장무성은 냉전이 끝난 지금의 상황이 오히려 신민주주의 정책을 펴기에 유리하다고 본다. 즉 원래 신민주주의 외교노선은 소련일변도도 미국일변도도 아닌 독립자주국가였는데, 오늘날의 탈냉전 정세가 이러한 노선을 추구할 수 있는 조건이 되었다고 보는 것이다. 그러나 민족국가 단위의 경쟁체제는 냉전 이후 더욱 치열해졌으며, 이러한 구도에서 발전을 위한 신민주주의 노선의 강조는 오히려 공산당 권력독점을 정당화해주는 논리로 빠지기 쉽다. 이러한 위험성은 신민주주의가 공산당 것이고 토착적인 것이기 때문에 지금 이 시대에 가장 필요한 이론이라는 장무성의 단순한 주장에서도 잘 엿볼 수 있다.

또한 중요하게 지적해야 할 문제 중의 하나는 그가 주장하는 신민주주의에는 계급분석이 빠져있다는 것이다. 지난 세기 정치적 혼란에도 불구하고 중국 공산당을 존속하게 만들어주었던 '혁명 헤게모니'는 개혁이후 권력자본화의 과정에서 점차 사라졌고, 소수의 특권계급과 다수의 빈곤한 대중이라는 대립적 구도는 다시 '계급'을 중요한 정치적 변수로 불러왔다. 장무성이 주장하는 신민주주의 회귀론은 주로 당의 영도권에 관한 것으로 인민은 이러한 당의 영도와 정책을 수용하는 수동적이고 피동적 존재이며, 인민 역시 하나의 단일한 존재로 인식된다. 그러나 공산당이 다수 인민의 눈에 특권층으로 인식되는 작금의 상황에서 문제는 영도권을 어떻게 확보할 것인가가 아니라 공산당 영도권을 누가 감시하고 통제할 것인가의 문제다. 장무성은 바로 이러한 시대적 과제를 보지 못하고 여전히 공산당 영도 확보라는 낡은 프레임에 갇혀있다.

무엇보다 문제는 지난 30년 개혁의 역사가 초래한 부패나 양극화 문제가 다름 아닌 경제적 신민주주의 정책의 결과라는 점에 있다. 장무성은 정치적, 사회적, 문화적 신민주주의를 되살림으로써 지금의 개혁 문제를 해결할 수 있다고 주장하지만, 경제적 영역에서 추진되어온 자본주의적 방식은 이미 중국의 정치·사회적 구조를 근본적으로 바꾸어놓았다. 특히 정치체제개혁이 당의 고착화된 기득권의 이익구조를 깨기 위한 것이라면 더욱 어렵다. 가장 단순한 이유는 개혁파 자신이 지난 개혁의 역사를 통해 기득권을 형성해온 당사자이기 때문이다. 자신들의 기득권을 포기하지 않고, 공산당의 영도를 지키며 공산당을 개혁할 수 있을까. 사실 현재 위기의 원인은 이념적인 것이라기보다는 개혁의 역사를 통해 구조화된 이익관계가 복잡하게 얽혀있기 때문에 문제 해결을 더욱 어렵게 만들고 있다.

::3부
중국식 민주를
새롭게 해석하다

중국은 서구 민주주의가 놀라운 창궐을 가지고 있고 일정한 위업을 달성했음에도 불구하고 민주주의를 탈(脫)신화화할 필요가 있다고 인식한다. 즉 좋은 의미체계를 지닌 모든 것을 민주주의라는 바구니에 넣는 다면 민주주의는 실질적인 정체(polity)나 지배수단이 아니라 하나의 이데올로기에 불과하다는 것이다. 이런 점에서 중국학계는 데모크라시(Democracy)를 새롭게 해석한다. 이들 의 눈에는 데모크라시의 최초 중국어 번역은 '민주'였지만, 그것은 '인민이 주인'이라기보다는 '인민의 주인(民之 主)'을 선출한다는 '선주(選主)'의 의미 가 강했다는 것이다. 그리고 역사적으로도 '민주'는 애초의 '나쁜 것'에서 '좋은 것'으로 변화했고 심지어 당시 정치엘리트들은 민주주의를 두려워했 으나, 민중의 요구를 억진시킬 수 없었기 때문에 수동적으로 수용한 것으로 보았다. 뿐만 아니라 대의제도도 '분권적 견제와 균형'을 표방 했으나 자유경 쟁 선거에서 다수의 참징기회가 사실상 제한되었고, 보통선거도 귀족적 성격 을 띠니고 있다는 한계를 지적했 다. 요컨대 '자유, 헌정, 대의, 선거, 다원' 등의 서구식 민주주의의 개념은 광의의 민주를 구속하는 '새장(鳥籠)속 민주 주의'로 간주했다. 반면 중국은 혁명을 통해 사회주의 국가의 정당성을 획득했고, 마르크스 국가론의 관점에서 '민주가 곧 전정(專政)' 이라는 논리 속에서 일당체제를 유지해왔다. 이것은 '분권적' 견제와 균형과는 대비되는 '분업적' 견제와 균 형을 의미하는 것이다. 중국식 민주의 또 하나의 중요한 특징은 가치 또는 이념체계로서의 민주와 도구적 성격의 '민주'를 구분하고 있는데 그 해 심은 '누가 지배하는가' 보다는 '어떻게 지배하는가'를 주목하는 것으로 도구적 특징이 강행다.

위커핑(俞可平)의 '점진개혁식 민주론'

중국의 체제 내 개혁론자 중 한 사람인 위커핑(俞可平) 박사는 현재 중공중앙편역국(中共中央編譯局)의 부국장 및 그 산하의 비교정치 및 경제연구중심의 주임이자, 베이징대학 중국정부혁신연구센터(中國政府創新研究中心)의 주임을 맡고 있다. 개혁개방 이후 제1세대 베이징대학 출신 정치학박사에 속하는 그의 이전 경력은 그리 화려하지 않다. 1981년 저장(浙江) 사범대학 소흥(紹興)분교를 졸업하고, 1984년 샤먼(厦門) 대학 철학과 및 1985년 중산(中山) 대학 철학과 석사를 각각 마친 뒤 베이징 대학 박사과정에 진학한 것이다. 그러나 그는 2008년 중국개혁연구회가 선정한 "개혁개방 30년, 사회 인물 30인"에 뽑힐 정도로 중국의 대표적인 정치학자로 간주되며, 2011년 미국의 『포린 폴리시』(Foreign Policy)에 의해 "세계의 사상가 100인"에 선정될 정도로 구미 지역에서도 널리 알려진 주요 인사가 되었다.[1]

위커핑 박사는 그간 서구 정치이론의 소개, 중국 정치개혁, 지방정부 혁신,

세계화 추세, 중국모델, 정치철학, 거버넌스, 시민사회, 비교정치제도, 마르크스연구 등 분야에서 매우 활발한 연구성과를 산출해낸 업적이 있긴 하지만,[2] 그가 일약 국제적 명성을 얻게 된 계기는 바로 2006년에 "민주란 좋은 것이다"(民主是個好東西)라는 글을 발표하면서부터이다.[3]

이 글은 중국 국내뿐 아니라 해외에서도 큰 반향을 불러 일으켰다. 위 박사의 현직이 차관급 관료라는 점, 그리고 한 때 후진타오 등 당 지도부의 정책 자문 역할을 했다는 사실 등으로부터 많은 관찰자들은 그의 이런 논조를 그 후 다른 당 내외 인사들의 개혁 요구 발언과 함께 중국에서 머지않아 민주적 정치개혁이 추진될 것이라는 추측의 주요 근거로 간주했다. 왜냐하면 위 박사가 이런 글을 발표한 것은 매우 이례적인 것이기 때문이다. 천안문사건을 경험한 당 지도부로선 민주화 내지 민주주의에 대해선 매우 유보적일 수밖에 없는데 비록 민주주의를 찬양한 것은 아니지만 정치체제개혁에 소극적인 지도부의 의중과는 달리 후 총서기의 브레인 중 한 사람이 민주개혁을 보다 더 적극적으로 추진해야 한다는 의미의 글을 발표했다는 사실이 어떤 정치적 혹은 정책적 함의를 지니는 것은 아닌지 촉각을 곤두 새우게 했던 것이다.

물론 이런 예측과는 달리 실제 중국에선 유의미한 정치 개혁이 추진되지는 않았지만 그의 주장은 그 이후에도 서구 학계에서 중국의 정치체제 개혁이나 민주화를 언급할 때 빠짐없이 회자되었다. 왜냐하면 서구 사회의 입장에서 보면 중국의 대표적인 관방학자조차 민주개혁을 주장함에도 불구하고 이런 사회적 요구를 거부하는 공산당 정권의 한계와 문제점을 지적하는 데 여전히 유용성을 지니기 때문이다. 그러나 실제 위 박사는 그의 글에서 서구식 민주주의를 주장하진 않았으며, 오히려 중국식 민주 제도 건설을 강조했다.

즉 그가 말하는 민주의 의미는 대략 다음과 같다. 첫째, 민주란 좋은 것이지만 개개인에 대해서가 아니라 국가 전체나 인민 대중에 대해서 좋은 것이다. 둘째, 민주란 것도 내재적으로 단점이 있지만 인류가 그간 만든 정치제도 중 그나마 폐단이 가장 적은 것이다. 셋째, 민주가 모든 문제를 해결할 수 있는 것도 아니며, 아무 고통스런 대가 없이 얻어지는 것도 아니다. 넷째, 민주 정치를 추진할 때는 정교한 제도 설계와 고도의 정치 기술이 요구된다. 다섯째, 어떤 정치조직도 민주를 명분 삼아 인민의 행동을 강제할 수 있는 권리는 없다. 여섯째, 중국의 민주정치건설은 반드시 중국의 역사 문화 전통 및 사회 현실 조건에 부합하는 것이어야 한다.

이와 같이, 그 핵심적인 내용은 "민주란 것은 인류가 만든 제도 중 가장 폐단이 적은 좋은 것이지만 중국의 민주정치 발전은 중국 상황에 부합하는 것이어야 한다"는 것이다. 그런 점에서 위 박사의 의견은 이중적이다. 가치로서, 그리고 제도로서 민주 및 민주주의를 긍정하면서도 민주 제도의 건립이나 그 추진에 있어서는 중국적 특색을 그 전제조건으로 제시하고 있기 때문이다. 전자는 서구의 시각에서 환영할 만한 것이고, 후자는 중국 지도부의 공식 입장에서 크게 벗어나는 것이 아닌 것이다.[4]

"민주란 좋은 것이다"라는 글이 대중적인 지명도에서는 단연 앞서지만 실제 그 글의 모태가 되고 중국의 정치 발전 및 중국식 민주에 대한 위 박사의 아이디어를 가장 간결하게 잘 나타내는 글은 "점진개혁식 민주화와 좋은 거버넌스: 민주주의와 거버넌스에 대한 중국식 이해"라는 논문이다. 이는 중국 민주주의에 대한 그의 생각을 잘 나타내주는 대표적인 글로서 그 주요 내용을 소개하면 다음과 같다.[5]

위 박사는 이 논문에서, 우선 개혁개방 이후 중국 정치사회 영역에서의 제도적 변화를 긍정적으로 평가한다. 1978년 12월 11기 3중전회 이래 중국은 일관되게 개혁 정책을 추진해 왔고, 덩샤오핑을 비롯한 중국의 지도자들은 중국 정치에서 '민주'의 중요성을 끊임없이 강조해 왔다는 것이다. 이런 노력에 의해 그간 중국 정치에서 다양한 변화가 야기되었는데, 그 주요 성과는 크게 6가지로 정리될 수 있다. 즉 당과 국가의 분리, 시민사회의 등장, 법치국가 건립이 정치발전의 목표로 설정된 것, 직접선거와 지방자치의 범위를 확대한 것, 정부와 기업의 분리, 지방정부의 혁신 등이다.

위커핑은 이후 중국 정치개혁의 목표는 다양하지만 그 중 가장 우선시 되어야 할 것은 민주를 발양시키는 것임을 강조한다. 따라서 정치 영역에서의 증량식 개혁은 실질적으로 안정적으로 민주를 추진하는 것이다. 이런 점에서 증량식 정치개혁은 무엇보다 증량식 민주를 구현하는 것이다. 증량식 민주는 다음 8개 측면의 핵심 내용으로 구성된다. 즉 점진개혁식 민주화(增量民主)의 8가지 핵심은 다음과 같다.[6]

첫째, 중국 민주의 발전은 '증량식 발전'(增量式發展)이 될 것이다. 중국의 민주개혁은 충분한 조건 즉 '존량'(存量)의 기초가 있어야 한다. 즉 기존의 민주정치의 성과 및 경험을 전제로, 충분한 경제 및 정치적 기초를 구비해야 한다. 민주정치의 속도 및 강도는 기존 체제 및 경제발전 수준과 서로 일치해야 한다. 그리고 개혁 추진 시에 현실 정치역량을 지니고 인민대중 및 정치 엘리트의 지지를 확보해야 하며 광범위한 사회 기초를 지녀야 한다. 또한 개혁은 현존 법률 테두리 내에서 이루어져 법률상 합법성(legitimacy)을 지녀야 할 뿐 아니라 더욱 중요한 것은 이와 동시에 정치적 합법성도 지녀야 한다는 것이다. 이 둘이 충돌할 경우엔, 법이 정한 절차에 따라 관련 법률에 대해 상응하는 수정을 가해야 한다.

둘째, 중국의 민주정치는 점진적 발전 중에 급격한 변화(突破)가 초래될 수 있다. 중국의 정치발전은 과정상 점진적 형태를 띠고 있는데, 이런 점진 개혁 내지 점진 민주는 일종의 '경로의존'(路徑依賴)을 형성하여 기존 역사궤도를 벗어날 수 없게 된다. 그러나 미래의 개혁과 민주건설은 현재의 기초 위에 새로운 돌파가 있게 되어 '존량'에 대해 새로운 증가를 추가하게 될 것이다. 이런 새로운 증량은 존량에 대한 단순한 수량적 증가가 아니라 일종의 질적 돌파(性質上的突破)를 의미하는 것이다. 이런 '돌파적 개혁'이란 쇼크

식의 돌파가 아니라 질변(質變)의 시작으로 볼 수 있지만, 그 질변의 과정은 매우 긴 것이라고 할 수 있다.

셋째, 증량 민주의 실질은 인민대중의 기존 정치이익을 손상시키지 않는 전제 하에 새로운 정치 이익을 최대한 제고시키는 것이다. 즉 공평과 정의의 원칙 하에 보다 많은 사람들, 특히 기층의 노동자, 농민, 그리고 빈곤계층의 인민들이 개혁이 가져다주는 혜택을 최대한 많이 누리게 해야 하는데, 이것이 향후 정치체제 개혁의 핵심 내용이다. 다시 말해 증량 민주개혁은 파레토 최적점을 추구하는 것으로서 모든 인민대중은 개혁이 가져주는 이익을 향유해야 한다.

넷째, 동태적 정치 안정이 점차적으로 정태적 정치 안정을 대체할 것이다. 모든 정치개혁이 사회정치적 안정에 유리한 것이어야 하지만 증량 민주가 추구하는 바는 과거와 같이 현상의 유지, 즉 강제에 의해 질서가 유지되는 '정태적 안정'이 아니라 과정상의 균형(平衡)을 의미하는데, 이는 끊임없는 조정을 통해 새로운 균형을 이루어가는 '동태적 안정'이라고 할 수 있다. 15차 당대회에서 언급한 바와 같이 정치사회적 안정을 유지한 상태에서 개혁과 발전을 추진하고 개혁과 발전을 추진하는 가운데 정치사회적 안정을 실현해야 한다.

다섯째, 정치개혁은 시민의 정치참여를 촉진하고 절차적 민주를 형성한다. 민주정치의 핵심은 인민의 정치참여이며 인민의 정치참여 과정은 민주를 실현하는 근본 방법이다. 단 그것은 반드시 합법적이고 절차에 따른 것이어야 한다. 이런 점에서 증량민주를 발전시키는 길은 절차적 정치 참여를 보다 확대해 나가는 동시에 시민들의 자발적이고 산발적인, 그리고 무조직적인 정치참여의 형태를 당과 정부가 주도하는 정치제도 틀 내로 끌어들여야 한다.

여섯째, 민주를 촉진하고 법치를 강화하는 것은 하나의 과정이나 두 개의 다른 측면일 뿐이다. 사회주의민주를 건립하기 위해선 인치(人治)에서 법치

(法治)로 변화되어야 한다.[7] 그러므로 민주를 발전시키는 것과 법치를 건설하는 것은 중국의 정치발전에 있어서 불가분의 관계에 있는 것이다. 그리고 당과 정부가 부르짖는 사회주의 정치문명의 기본 내용이다.

일곱째, 시민사회를 배양하고 사회관리 체제의 개혁을 추진한다. 사회주의 시장경제의 발전에 따라 국가로부터 독립적이고 중국 특색을 지닌 시민사회가 급속히 등장하여 사회, 경제, 정치 생활면에서 중요한 역할을 발휘하고 있다. 정부는 이런 민간 조직과 적극적으로 협력하여 정치사회 생활을 공동으로 관리하여 시민 자치관리의 범위를 확대하고 사회자치의 수준을 제고해야 하는데, 이것이 민주적 거버넌스(民主的治理)가 나아갈 방향이다.

여덟째, 3가지 경로를 통해 증량민주를 전면적으로 추진한다. 첫째, 당내민주로써 사회민주를 이끌어낸다. 7천만 당원을 가진 공산당 내에서 당내민주 없이 중국의 민주를 말하는 것은 헛소리에 불과하다.[8] 먼저 당내민주를 통해 사회민주를 실현하는 것이 현실적 방법이다. 둘째, 기층민주에서 점진적으로 상층(高層)민주로 나아가야 한다. 중국은 아주 오랜 기간 중앙집권의 전통을 지닌 국가로서 아래 위에서 동시에 개혁이 필요한데, 현 단계로선 기층에서의 실험을 통해 점차 위로 올라가는 것이 현실적이다. 셋째, 희소한 경쟁에서 보다 치열한 경쟁으로 변화되어야 한다. 민주란 어떤 형식이든 인민의 자유 선택을 의미하는 것이다. 지도자, 정책 등에 대한 선택에 있어서 정치적 자유의 범위를 부단히 확대해 나가는 것, 즉 경쟁적 선택의 기회와 대상을 더욱 확대해 나가는 것이 민주의 발전 과정이다. 궁극적으로 이런 민주의 기초 위에 거버넌스를 실현하는 것이 민주적 거버넌스인데, 민주적 거버넌스가 중국 정치발전의 주요 방향이라고 할 수 있다.

이상에서 잘 보여주듯 위커핑은 서구식 민주주의를 배격하고 중국식 정치발전 모델의 하나를 제시하고 있다. 중국의 정치발전 구상에 있어서 현 정치체제의 온전한 보존과 서구식 민주주의에 대한 주장은 그 양 극단으로서 이런 극단적 시각을 취하는 사람은 관련 학자들 사이에서 소수의 입장이다. 반면에 다양한 형태의 중국식 정치모델에 대한 아이디어들은 대부분 그 절충적 형태로서 이들이 중국 내에서 주류적 입장을 점하고 있다고 할 수 있다.[9] 위커핑도 이런 절충적 입장 중 하나의 구상을 주장하고 있는 것이다.

첫째, 그의 견해는 주로 정치개혁의 추진 방법에 관한 것으로 최종 도달 목표나 구체적인 정치체제의 형태에 대해서는 언급하지 않고 있다. 즉 정치 개혁의 방식과 과정에 대한 것으로 볼 수 있다.

둘째, '위로부터의 개혁'의 필요성을 강조하지만 '정치 안정'을 대전제로 급격한 변화를 지양할 것을 요구한다. 즉 정치, 경제, 사회 등의 측면에서 반영되는 중국적 상황 및 조건에 비추어 개혁의 속도와 강도를 조절해야 한다는 것이다.

셋째, 개혁을 통해 정치참여를 확대하는 등의 민주적 영역을 확충하는 한편, 공산당의 통치라는 현행 기본 제도가 병존하는 방식, 즉 민주적 거버넌스(民主的治理)라는 개념을 통해 다소 추상적이지만 중국 정치의 발전 방향을 제시하고 있다. 이는 일당체제 내에서 최대의 민주를 실현하는 것을 정치발전의 이상으로 삼고 있음을 짐작케 해준다.

그러나 그가 제시하고 있는 다양한 영역에서의 개혁과 변화를 구체적으로 어떤 절차와 방법을 통해 이끌어낼 것인지, 그리고 그로 인해 초래될 당내 갈등과 사회적 비용은 어떻게 해결될 수 있는지 등은 여전히 미지수이다. 다만, 정치학의 전문 지식을 겸비한 당 관료의 견해라는 점, 중국의 현실과 서구의 가치를 접목시키고자 하는 절충적 입장이라는 점, 양 극단을 지양한 중도적인 입장이라는 점 등은 정치개혁에 대한 중국 내 사회적 요구가 커갈수록 보다 많은 사람들이 받아들이기에 적절한 대안이 될 수 있는 유리한 강점들로 간주된다.

왕샤오광(王紹光)의 '인민민주론'

중국 지성계에서 '신좌파'로 알려진 왕샤오광(王紹光)은 2008년 서구 민주제도를 비판하는 『민주사강(民主四講)』이란 책을 출판하며, 본격적으로 중국의 민주를 논하기 시작했다. 그는 1954년 중국 우한(武漢) 출생으로, 1982년 베이징대학(北京大學) 법학과를 졸업한 후 미국 코넬대학에서 정치학 석사학위(1984년)와 정치학 박사학위(1990년)를 받았다. 1990년부터 2000년까지 미국 예일대학교 정치학과 교수를 역임했다. 현재 홍콩 중문대학(中文大學) 정치 및 공공행정학과 교수로 있으며, 칭화대학(淸華大學) 공공관리학원 창장강좌(長江講座) 교수를 겸직하고 있다. 영문 학술지 〈중국평론 The China Review〉 편집장이며, 중국문화논단 이사이다. 저서로는 『이성과 발광: 문화대혁명 속의 군중(理性與發狂 : 文化大革命中的群衆)』, 『시장 신화에 대한 도전(挑戰市場神話)』, 『다원과 통일 : 제3섹터의 국제적 비교연구(多元與統一 : 第三部門國際比較研究)』 등이 있다. 1993년 그는 후안강(胡鞍鋼)과 함께 『중국 국

가능력 보고 (中國國家能力報告)』를 집필하여 분세제(分稅制) 개혁을 촉진한 바 있다.

왕샤오광(王紹光)은『상하이 서평 (上海書評)』에서 서구의 민주는 이미 '선주(選主: 주인(상전)을 선출하는 것)' 혹은 '금주(金主: 자산계급이 통치자가 됨)'로 변화되었다고 비판한다. 그는 중국의 민주 건설은 서구 모델이 아니고, 중국 정치개혁의 돌파구 역시 서구의 경쟁선거제도가 아니라고 주장한다. 민주실현을 위해 중요한 것은 무엇인가? 이에 대해 그는 "각 분야의 이익 관련자가 자신의 이익과 관련된 정책결정과정에 참여하는 것을 촉진하는 것이다. 민중은 의사를 표시하고, 정부는 이에 반응하는 것이 바로 민주다"라고 설파한다.[1]

서구 민주주의에 대한 비판은 2008년 출판된『민주사강(民主四講)』에서 잘 나타나 있다. 이 책은 '민주주의란 정말 좋은 것인가?'라는 의문을 제기하며, 서구의 민주주의는 어디서 시작되었고 어떻게 변질되었는지를 추적한다. 많은 국가에서 시행하고 있는 정치엘리트 중심의 대의제에 의문을 제기하고, 대의제 민주주의 형성 과정을 역사적으로 추적함으로써 우리가 선호하는 서구 민주주의가 가짜라는 것을 보여주고 있다. 이 책은 인민이 주인이 되는 진정한 민주주의는 좋은 것이지만, 대의제 민주주의는 '선주(選主: 주인을 선출하는 것)'이기 때문에 나쁜 것이라고 비판한다.

그의 주장의 핵심 내용은 다음과 같다. 첫째, 민주주의 발전과정을 보면 진정한 민주주의는 유산계급과 지식인들에 의해 '나쁜 것'으로 간주되었고, 유산계급과 지식인의 이익을 위협하지 않도록 거세된 '대의제 민주주의'만이 좋은 것으로 간주되었다. 즉, 민치(民治)를 강조한 민주는 그리스에서 탄생된 이후 19세기 초까지 '좋은 정치형식'이 아니었고, '대중 정치'라고 인식되었다. 그런데 19세기에 와서 유산계급의 재산권을 보장하도록 변화된 대의제 민주는 좋은 것이라고 말하기 시작했다.[2] 둘째, 많은 사람들이 맹목적으로

숭배하는 미국 민주주의(선거제도)는 다수대표제, 양당제, 대통령제이다. 이런 미국식 민주주의를 유럽과 비교해볼 때 유럽체제가 더 민주주의적 요인이 많고 민중의 정치참여가 광범위하며 돈의 정치적 영향력이 적다. 셋째, 대의제는 주인을 선출하는 것이므로 민주주의가 아니며 국민들의 처지를 개선할 수 없다. 넷째, 대의제에서 국민의 역할은 몇 년 마다 한 번씩 마치 카니발과 같은 선거의식에 참여하여 심리적인 위안을 얻는 것에 불과하다. 결국 선거는 각종 자원(금전, 지식, 용모, 가문 등)을 소유한 사람들만을 위한 잔치이기 때문에 '결함 있는 민주주의'이다.[3]

왕샤오광은 2000년 예일대학 회의에서 있었던 민주에 관한 질문은 많은 것을 시사한다고 본다. 19세기 자산계급은 민주를 받아들이려 하지 않았으며 두려워했다. 그런데 현재 왜 모두가 민주를 보편적 가치로 받아들이는가? 그 이유는 시대를 거치면서 민주의 내용에 큰 변화가 발생했기 때문이다. 오랜 기간 동안 민주는 대중의 직접 참여와 결부되었기 때문에 나쁜 것이라 여겨졌다. 그것이 좋은 것으로 변화되는 과정은 민주 의미의 변화과정이다. 민주 앞에 붙는 '대의, 자유, 헌정, 선거, 다원' 등의 각종 수식어는 민주의 운영 범위 및 민주의 실현 방식을 제한하게 되었다.

왕샤오광에 의하면, 오늘날 서구의 민주는 일종의 '선주(選主)'이며, 이상적인 의미의 직접민주와는 관계가 멀다. 그는 자신의 주장을 뒷받침하기 위해 선거민주주의에 대한 미국 내부에서의 비판, 즉 2008년 하버드 대학의 법학자가 자신의 논문에서 비판한 '선거주의(electocracy)'를 소개하고 있다. '선거주의'를 중역하면 '선주(選主)'이다. 프린스턴 대학의 회의 주제 역시 '선거를 넘어서(超越選擧)'였다. 이 회의에서 많은 이들이 '선거 민주는 일종의 매우 불완전한 민주'라고 주장했다. 중국 국내에서는 일종의 선거에 대한 미신으로 인하여, '정부개혁은 선거와 분리될 수 없으며, 선거가 실시되면 민주이고, 선거가 없으면 민주가 아니다'라고 여긴다. 그러나 이런 선거 미신의 사고방식에서 벗어나 다양한 민주를 실현할 수 있는 새로운 형식을 찾아야 한다고 왕샤오광은 주장한다. 그렇다면 좋은 의미의 선거민주는 없는가? 이에 대해 왕샤오광은 사회·경제적 자원의 분배가 대체로 평등한 사회에서 선거의 방식은 큰 문제가 없다고 본다. 그러나 사회·경제적 분배가 불평등한 사회에서 민주는 서서히 '선주(選主)'로 퇴화되고, 선주는 '금주(金主)'로 왜곡될 가능성이 크다고 본다.[4]

왕샤오광은 다음과 같이 주장한다. 민주는 절차가 아니라 실질적인 것이다. 절차상의 민주가 결과적으로 소수가 정치를 조종하는 것이라면 어떤 의미에서 민주라고 말할 수 있는가? 그것은 절차상의 민주가 아니라 일종의 선거의 규칙에 불과하다. 민주화를 '경쟁선거'라고 생각하면 안된다. 예컨대 미국에서 많은 이들이 양당제의 폐해를 알고 있지만, 경쟁선거로는 이를 해결할 수 없다. 그 자신 역시 오랫동안 선거는 민주실현의 중요한 길이라고 믿었다. 그러나 그가 선주(選主)의 미신에서 벗어나게 된 것은 미국에서 20여 년을 생활하면서이다. 즉 서구의 헌정민주는 새로운 대표형식으로서의 민주 실현을 필요로 하는 것이 아닐까? 선거가 아니면 민주를 실현할 수 없는가? 선거가 아닌 방식의 대표형식은 어떻게 운영될 수 있는가? 등의 의문이 생긴 것이다.

선주(選主)는 경쟁선거를 특징으로 하는 민주제도이다. 선주의 실질은 인민이 주인이 되는 것이 아니다. 그것은 인민이 주인(예: 총통)이나 주인들(국회의원)을 선출하여, 그들이 통치하는 것이다. 진정한 민주는 인민이 자기를 관리하는 것이다. 이익관련자들이 민주적 방식으로 정책을 결정하는 것이다. 진정한 민주는 이익관련자들이 평등하게 참여하여 정책 결정에 평등하게 영향력을 행사하는 것이다. 선주(選主)는 자본 소유자들의 영향력이 다른 사람보다 크기 때문에 불평등하다. 결론적으로 '진정한 민주'는 모든 사람이 평등한 기회를 가지고 정책 결정에 참여하는 것이다.[5]

그렇다면 현대사회에서 '진정한 민주의 실현 방법'은 무엇인가? 왕샤오광은 대의제 민주주의를 보완하기 위해 '추첨 민주주의,' '협상 민주주의,' '전자 민주주의' 등 몇 가지 방법을 제안한다. 첫째, 추첨식 민주(抽籤式民主)는 경쟁선거를 포괄하지만 선거를 초월한다. 추첨으로 인민의 대표를 결정한다. 선거와 비교하여 가장 큰 장점은 공평하다는 것이다. 모든 사람들에게 평등한 피선거권을 보장하며 선거과정이나 결과도 조종당하기 어렵다. 민주주의의 원래 의미는 정치상의 평등인데, 계층 간 자원이 불평등하게 배분되는 사회에서는 정치적 평등이 힘들기 때문에 선거보다는 추첨이 평등을 실현하는데 적합하다. 추첨은 선거에서 영향을 발휘하는 불공정 요소(금전, 선거전략 등)를 차단할 수 있기 때문에 평범한 사람도 정치에 종사할 수 있다. 둘째, 협상민주(商議式民主)는 협상을 통해 자기이익, 요구, 편견 등에 대한 인식을 변화시키는 것이다. 즉, 서로 다른 사람들이 다른 생각을 갖고 있지만 협상을 통해 설득할 수 있고, 생각이 일치하게 되면 투표가 불필요하다. 토의를 강화하여 민중의 정치참여의 수준을 높인다. 토론을 통해 사람들이 각기 다른 정책들의 우열을 충분히 이해하게 되면 자기의 입장을 수정할 수 있고 민의수렴이 가능해진다. 셋째, 전자기술을 이용하여 민중의 정치참여의 폭을 높여 직접 민주주의를 실현한다. 전자 민주주의는 대중이 정책결정에 참여하도록 하고, 정책결정자와 민중 간의 쌍방향 의사소통을 촉진할 수 있다.[6]

그렇다면 중국식 민주의 특색은 무엇인가? 일반적으로 민주는 자유라고 인식하지만, 중국 인민들에게 민주는 '인민이 주인이 되는 것'을 의미한다. 인민민주가 바로 민주의 실질이다. 중국의 정치개혁과 민주개혁의 돌파구가 경쟁선거라고 생각하지 않는다. 이익관련자들이 관련 정책 결정에 참여하는 것이 실질적 민주이다. 민주는 인민의 실질적이고 광범위한 참여가 중요하다. 인터넷에서 많은 사람들이 특정 안건에 의견을 적극적으로 표출하는 것이 참여를 통한 민주적 정책결정이다. 여기서 인민민주와 자유민주의 차이는 무엇인가? 자유민주는 참여와 비참여가 본인의 자유이다. 이런 상황 하에서 선거 불참은 본인의 의지문제이고, 참여할지라도 결과에 영향을 미치지 못하기도 한다. 그러나 인민민주는 누군가의 불참은 전체 민주의 치욕이므로, 온갖 방법을 다해 사람들이 관심을 갖도록 하고 민주적 정책결정에 참여하도록 한다.

왕샤오광의 '중국식 민주'에 따르면, 인민이 직접 정책결정에 참여하지 않는 것은 진정한 민주가 아니며, 따라서 서구의 선거민주는 진정한 민주가 아니다. 중국식 민주 모델은 '선주제(選主制)'를 초월해야 하는 것이다. 그렇다면 어떻게 대의제가 지닌 '민주주의의 결핍'을 보완할 수 있는가? 가장 기본적인 방향은 인민이 주인이 되어야 한다는 것을 명심하는 것이다. 인민이 주인이 된다는 목표에서 출발하여 선거의 미신에서 벗어나고, 주인 선출이라는 선거 패턴을 넘어서서 많은 인민대중의 정치적 참여를 쉼 없이 확대하는 것이다.

그렇다면 인민대중의 정치참여는 어떤 방식을 통해 가능한가? 대중 참여는 정부 정책 결정에 영향을 줄 수 있다. 이러한 대중 참여에서 대중과 정부의 상호작용은 '정보공개(信息公開)', '민의 청취(听取民意)', '인민의 지혜 수렴(吸取民智)', '인민의 결정 실행(實行民決)' 4가지 단계가 중요한데,[7] 그 내용은 다음과 같다.

첫째, 정보공개로 이는 기초 단계이다. 정부가 관련 정보를 인민에게 알리는 것으로 정부가 인민에게 책임을 지는 기초이고, 대중과 정부가 서로 상호작용하는 전제이다. 대중의 정치참여를 논하기 위해서는 정부의 정보공개가 필요하다. 정보공개 내용은 인민의 기본권, 법률정책, 법률초안, 정책 계획, 정부 조직 틀, 정부가 제공하는 공공서비스, 관련된 행정집행 절차 등이다.

둘째, 민의 청취로 이는 정책기획의 단계이다. 정책기획 과정에서 대중의 정책적 선호(偏好)를 파악해야 한다. 정부가 정책을 제정하는 과정에서 대중의 요구를 충분히 고려해야 하는 이유는 특정인에게 편향되는 정책을 방지하고, 민의 청취를 통해서 복잡한 관련 정보를 충분히 이해하며, 대중과의 광범위한 대화를 통해 이익관련자들이 정책 목표와 수단을 충분히 이해하는 것이다. 또한 민의 표출과정에서 타인의 서로 다른 정책을 알게 되므로 정책은 타협의 산물임을 이해하게 된다. 정부가 민의를 청취하는 능동적 방법은 정기적인 사회조사를 통한 민의 조사, 자문 문건 발표, 심층 인터뷰, 청문회 등이 있다. 수동적 방법은 정부 담당자에게 상황 알림, 관료 및 간행물 편집자에게 편지, 상방(上訪), 청원, 투서, 파업, 시위 등이 있다.

셋째, 인민의 지혜 수렴으로 이는 정책 초안 작성 단계이다. 민의와 달리 '민지(民智)'는 대중의 정책 선호가 아니라 정책과 관련된 경험, 관점, 사고, 창의이다. 여기서 대중은 정책의 소비자가 아니라 정책설계의 참여자이다. '민(民)'이란 정책결정자 외에 누구인가? 누가 정책 엘리트(policy elite)인가? 평범한 인민의 민지(民智)가 수렴되도록 해야 한다. 캐나다, 영국에서는 대중 참여의 새로운 방식으로 국민 자문단, 국민 심의단을 구성하고, 통계적으로 현지 인구비율을 반영하여 대표성을 갖춰 형식을 구성하기도 한다.

넷째, 인민의 결정 실행으로 이는 정책 제출 단계이다. 민의(民意)나 민지(民智) 자문이 정부가 주도권을 지닌 것이라면, 민결(民決)은 대중 참여의 한 방법으로서 대중이 제안권과 결정권을 향유하는 것이다. 이것은 대중이 정책 결정 과정에서 정부와 대등한 동반자가 되는 것이다. 현재 이상적인 민결(民決)은 존재하지 않는다. 민결은 대중이 입법 및 정책의제를 제안하는 것이다. 민결은 원래 의미의 민주이다. 대중이 직접 정책을 선택하고 정책 결정의 권한을 지닌다. 그러나 서방 민주 국가에서 민결은 극히 드물다.

이상의 대중참여 형식에 대한 왕샤오광의 구상을 정융녠(鄭永年)의 주장과 비교해 볼 때 어떤 차이점과 공통점이 있는가? 정융녠은 민주의 중국화 모델을 말할 때 "국가제도 건설이 우선이고, 민주화는 이후"라고 하면서 '헌정민주(憲政民主)'를 제시한다. 그에 의하면 왕샤오광의 '대중노선모델(群衆路線模式)'은 국가제도건설을 말하지 않고 있고 헌정민주가 아니기 때문에 동의할 수 없다는 것이다. 그러나 왕샤오광은 정융녠의 '헌정민주건설'에 동의하지 않는다. 대중노선모델을 말하지 않는 것은 중국식 민주가 아니라고 생각하기 때문이다. 이 두 학자는 '중국식 민주'에 대한 공통된 인식은 없으나, 중국식 민주의 중요한 전제는 "선거를 초월할 수 있는지의 여부"라는 점에서는 일치한다. 양자가 주장하는 중국식 민주는 '통제가능하며 상호작용하는 민주(可控的互動式民主)'인 것이다.[8]

위에서 살펴본 바와 같이 왕샤오광은 주인을 선출하는 '서구식 선거 민주'를 비판하고, 인민이 주인이 되는 '중국식 민주'를 수립해야 한다고 주장한다. 그러나 이런 주장은 다음과 같은 점을 생각해 볼 필요가 있다. 첫째, 왕샤오광의 '중국식 민주'가 과연 중국에서 어떻게 실현될 수 있는지 의문이다. '많은 인민이 정책결정에 참여하는 인민민주'는 이상적 구상이지만, 중국에서 어떤 방법을 통해 실현될 수 있는지 라는 의문이 남는다. 서구 선거제도를 비판하는 그의 주장은 경쟁선거와 다당제를 거부하는 중국 정부에게 논리적 정당성을 제공하는 것 이상의 의미를 찾기 어렵다. 둘째, 왕샤오광은 서구의 민주 실현 방식인 '경쟁 선거'를 선주(選主)로 비판하지만, 진정한 민주 실현을 위해 선거제도보다 나은 구체적 대안을 제시하지 못하고 있다. 중국은 '경쟁선거'보다 나은 어떤 새로운 방식으로 정권의 주기적인 평화교체에 인민의 의사를 반영하고, 소수 지도자의 권력독점을 견제할 수 있는가?

허바오강(何包鋼)의 '협상민주론'

　　중국에서의 민주는 어떤 길이어야 하는가에 관한 논의가 뜨겁다. 그중의 하나가 이른바 "협상민주론"이다. 협상민주에 관한 이론적 근거는 서구에서의 "심의 민주(deliberative democracy)"이다. 서구에서 심의 민주 논의는 대의제 민주를 전제로 한다. 즉 심의 민주는 대의제 민주의 제도적 틀에서 포괄하지 못하는 문제를 심의와 협상을 통해 해결하는 것으로, 주로 자유민주주의의 보완적 의미에서 논의되고 있다. 그러나 중국에서 '협상 민주(consultative democracy)'를 주장하는 학자들은 중국체제의 근본적 제도변화 없이 '심의'의 형식과 중국의 '협상' 전통을 결합시켜 중국식 협상민주를 건설할 수 있다고 본다. 대표적인 관방의 협상민주론자인 중앙당교의 리쥔루(李君如) 부교장은 공산당 영도의 다당합작과 정치협상제도를 협상민주의 한 형태로 파악하며, 이러한 전통은 장기적인 혁명과 사회주의 건설의 역사를 통해 실현된 것이라고 본다. 또한 중국 특색의 민주정치는 선거민주에 협상민주를

결합한 민주정치제도이며, 협상민주를 통해 공민의 질서 있는 정치참여를 보장할 수 있다고 주장한다. 협상민주가 급진적인 정치적 변화가 아니라, 참여와 협의의 확대를 통해 공민의 정치참여를 유도하는 온건한 방식이라는 점에서 점진민주를 강조해온 많은 중국학자들도 협상민주에 동의하고 있다.

이렇게 서구의 심의민주와 중국에서 주장하는 협상민주는 엄연히 다르지만, 서구의 심의민주 이론에 대한 검토와 각국 간의 사례 비교연구를 통해 중국 협상민주의 실천경험을 이론적으로 접근하려는 학자가 있다. 바로 허바오강(何包鋼)이다. 리쥔루가 주로 상층정치 수준에서 정치협상제도가 갖는 역사적 협상 전통을 강조하는 반면, 허바오강은 민주체제의 참여 주체로 공민을 강조하고, 공공업무에 관한 공민의 참여를 강조한다. 리쥔루의 협상민주론이 공산당과 비공산당 간의 정치적 관계를 논의했다면, 허바오강의 협상민주론은 주로 공산당과 인민 간의 관계를 논의하고 있다. 즉 체제수준보다는 기층수준에서 협상민주가 실제로 어떻게 작동하는지에 관한 사례연구를 통해, 중국 경험과 서구 민주협상이론과의 접목을 시도한다. 협상식 민주화 모델에 관한 이론적 검토 과정을 통해 중국에서의 정치적 실험과 그 세부내용을 중시하면서 제도와 절차를 강조하고 이로써 중국 협상민주의 수준과 좌표를 파악하는데 주력한다. 이러한 점에서 허바오강의 협상민주론은 "중국에는 예전부터 협상민주의 전통이 있었다"는 식의 단순한 이데올로기적 선전의 수준이 아니라, 좀 더 실제적이고 이론적인 관점에서 중국경험을 분석하고 있다.

그는 1957년생으로 화중사범대학 중국농촌문제연구중심의 겸직교수이자 싱가포르국립대학 동아연구소 고급연구원, 호주 디킨(Deakin) 대학의 교수로 있다. 주요 연구 분야는 서구정치이론, 비교정치학, 중국향촌정치연구 등이다. 주요 저작으로는『민주이론: 딜레마와 출로』(2008),『협상민주: 이론, 방법, 실천』(2008),『민주와 권위 간의 균형을 찾아서: 저장(浙江) 촌민선거에 관한 경험 연구』(2002) 등이 있다. 이 글에서는 그의 저작 중 하나인『협상민

주: 이론, 방법, 실천』과 "중국 협상민주제도"(浙江大學學報, 2005년 제3기)라는 논문을 중심으로 그의 주장을 살펴보고자 한다. 그는 2002년 베이징, 상하이, 항저우(杭州), 2003년 옌안(延安), 우한(武漢), 2004년 베이징, 항저우, 원링(溫嶺), 쟈오쟝(椒江) 등의 지역에서 조사를 진행한 바 있고, 협상관련 회의 참관 등의 경험을 갖고 있다. 협상민주의 사례와 관련하여 지난 30여 년간 20여명 이상의 전국 혹은 지방의 중요 인물들을 인터뷰해왔고, 이들의 협상제도발전의 동기와 전략을 탐구한 바 있다. 이러한 경험을 바탕으로 그는 중국의 협상민주 논의의 이론적 수준을 끌어올리고 있다.

그렇다면 허바오강은 중국의 협상민주를 어떻게 분석하고 평가하고 있는지 알아보자. 우선 중국에서 협상 개념은 어떻게 이해되는가? "의견 경청, 민의 파악, 대민 서비스, 민심 응집(傾听民聲, 善解民意, 服務民衆, 凝聚民心)"이란 16자에서 잘 보여주듯, 중국의 협상에 대한 이해의 관건은 "인민, 인민의 목소리, 인민의 뜻"에 있다. 민심을 파악하는 형식은 지역적 선호에 따라 다양하다. 민정간담회(民情懇談會), 민주간담회(民主懇談會), 민주재무회(民主理財會), 민정직행차(民情直通車), 대민봉사창구(便民服務窗), 주민논단(居民論壇), 향촌논단(鄉村論壇), 민주공청회(民主聽証會) 등의 다양한 형식에서부터 보통 주민에게 지방간부 업적에 대한 평가 기회를 제공하는 공민평의회(公民評議會)란 형식도 있다. 모두 지역 공동체의 문제나 지방 프로젝트에 대한 대중의 의견을 청취하고 대중들의 지지를 획득하여 정책에 관한 합의를 달성하고 그 입장과 원칙을 천명하기 위한 구체적인 형식으로 조직되어있다.
협상제도의 다양한 중국적 표현을 통해 알 수 있듯이, '협상'이란 의제를 새롭게 제안하거나 평등한 협의를 통해 정책을 결정하는 제도가 아니라, 민심을 파악하고 다양한 이익을 조화시키며 정책의 투명성을 높이는 하나의 절차적 기제이다. 서구에서 협상기제의 목표는 자유민주 안에서 민의의 대표성을 추구하는 것이지만, 중국에서 협상기제의 목표는 합의 달성과 사회질서 유지로 중국 전통적인 정치사상에서의 '대동(大同)'에 가깝다. 따라서 중국의 협상제도는 관방 이데올로기를 선전하고 당의 정책을 이해시키기 위해 민주적 절차를 혼합시킨 결과물로 볼 수 있으며, 도구적 특징이 강하게 나타난다. 또한 중국이란 환경에서 협상은 사람들을 공민으로 전환시키는 하나의 교육과정으로도 이해될 수 있다. 협상은 일정한 정치적 수준과 의식을 갖춘 '공민'을 육성하는 하나의 메커니즘이며, 이를 통해 상호 이해와 의견 교환의 기회를 갖도록 한다는 것이다.

　실제로 중국 국가기관 중 하나인 선전부에서 협상제도의 실험을 주관하고 있으며, 많은 제도적 혁신을 제안하고 있다. 대표적인 협상민주의 실험지라고 선전되는 원링시의 선전부 관료에 따르면, 경제사회적 변화에 따라 선전사업도 이에 맞게 적응해야 한다는 필요성에서 협상제도를 고안해냈다고 한다. 즉 시대적 변화에 따라 전통적인 '대중노선(mass line)'을 이을 수 있는 현대적인 참여형식과 이데올로기적 수단을 찾게 되었고, 그 결과 협상회의가 간부와 군중이 한데 모여 실제적인 문제를 해결하는 효과적인 형식이라는 것을 발견하게 되었다는 것이다. 이러한 점에서 새로운 형식으로 자리매김한 중국의 협상제도는 선전사업의 특징을 갖추고 정치동원의 연속적 형태로 나타나게 된다. 그렇다고 단순히 이데올로기에 의존하는 것이 아니라 협상회의의 상세한 절차규정에 따라 개인의 이익과 기호를 고려하여 대중의 요구에 반응하고 자문과 투표 등 민주적 요소의 특징을 갖출 수 있도록 했다.

　그렇다면 중국 정부에서는 왜 이러한 제도의 발전을 장려하는가? 가장 중요한 이유는 동유럽과 아시아의 민주화 압력에 직면해 협상제도라는 온건한 민주화 방식을 채택하면, 중국 공산당 정치권력에 대한 직접적 도전이나 근본적 정치변혁을 회피할 수 있다는 점이다. 협상제도는 개량적인 성격으로 공산당 권력을 훼손시키지 않으며, 또한 개혁 이후 멀어진 간부-군중관계나 지방 거버넌스의 문제를 개선할 수 있다.

협상민주가 장려되는 보다 현실적인 이유는 협상제도가 지방 질서를 유지하고 시장과 사회관계 간의 긴장으로 인한 문제를 해결할 수 있는 방법, 그리고 경제와 사회의 협력적 발전을 실현하는 중요한 루트로 간주되기 때문이다. 개혁시기 중국의 급속한 경제발전은 분배 불평등, 부패, 고실업, 높은 인구이동, 범죄율 상승, 사회질서 혼란 등의 문제를 가져왔다. 협상제도라는 정치적 실험을 통해 대중들의 불만을 감소시키고 지역 공동체와 관련된 문제를 해결하며 많은 공공정책의 오류를 피하고 지방 업무에서의 재정, 인력, 시간을 절감할 수 있다.

또한 협상제도는 대개 지방 거버넌스에 도움이 되며, 지역 공동체의 응집력을 강화시키고 시민들을 정치활동에 참여시킴으로써 민주적 의식과 기능을 제고시킬 수 있는 제도적 장점을 갖고 있다. 대중협상제도를 통해 국가는 합법성과 대중관리, 지방질서의 능력을 향상시키고, 협상과정은 감독과 책임, 정책의 공정성, 통치자와 피통치자간의 연계를 강화시킬 수 있다. 또한 협상은 지방정부의 정책 실시에 도움을 주어 어떤 문제 해결에 합법성을 부여하는 장점이 있다. 그렇기 때문에 협상민주는 지방정치 거버넌스의 중요한 형식의 하나로 받아들여지고 있다. 이에 따라 각 지방에서는 행정명령과 민주자문기제를 통합시킨 다양한 형식의 제도를 추진하고 있다.

이 외에도 지방 지도자가 협상제도를 추진하는 데는 서로 다른 동기가 있다. 일부 지역의 지도자는 정책의 합법성을 갖추고 업무를 더욱 쉽게 추진하기 위해 협상제도를 이용하기도 한다. 또 일부 지역에선 간부와 군중 간의 긴장관계를 완화시키기 위해 도입하기도 한다. 정치적 실적(政績) 역시 지방 지도자의 중요한 동기이다. 그렇기 때문에 협상제도는 지방 지도자의 특성이나 선호에 따라 가변적이며, 또한 형식에 그치는 경우가 많다. 중국과 같이 권력 집중적 정치구조에서 진행되는 협상의 내재적 위험은 정치엘리트가 협상과정을 통제한다는 것이고, 감독시스템 역시 부족하며 참여가 불평등하고 자유롭지 않다는 문제도 있다.

따라서 협상의 수준을 높이기 위해서는 협상과 관련된 절차와 과정을 제도화함으로써 충분한 참여 보장과 의미 있는 토론을 도출해낼 필요가 있다. 이러한 문제의 개선을 위해 원링시에서는 2004년 시민단체나 자원한 노동자들이 협상과정에 참여하도록 협상제도를 규범화하기도 했다. 또한 지방 지도자의 변동에 따라 협상제도가 유명무실화되는 것을 막기 위해 2004년 쟈오장(椒江) 인민대표대회에서는 협상제도발전에 관한 규정을 통과시켜 법적 의무로 만들기도 했다.

허바오강은 중국 협상제도의 실천 중 일부는 민주이론가들이 설정한 기준에 부합하는 것처럼 보인다고 평가한다. 예컨대 공민의 협상 참여 능력, 권리, 기회를 강조하고, 정책결정을 구조화하여 권력과 부가 정책결정에 미치는 영향을 최소화한다는 점에서 그렇다는 것이다. 대개 서구의 협상제도가 개도국보다 훨씬 효과적이라고 생각하지만 허바오강의 비교 연구에 따르면 협상제도를 통해 조직한 중국의 치안시스템이나 시민참여 프로젝트는 다른 서구 국가보다도 그 효과가 좋다고 평가한다. 또한 중국은 이미 협상의 질을 높이고 돈과 권력의 영향을 감소시킬 수 있는 많은 전략을 탐색하고 있다고 본다.

그러나 허바오강은 대부분의 중국 협상민주의 실천이 협상민주의 요구에 미치지 못한다고 평가한다. 특히 중국에서는 국가가 협상민주의 과정에 적극적으로 참여하며 특히 공민권 발전과 통제범위의 관점에서 매우 적극적이라 할 수 있다. 이러한 국가동원의 치명적 약점은 형식주의를 낳는다는 점이다. 허바오강은 원링시의 경우 대략 30~50%의 협상회의가 의미가 없다고 평가하고, 협상의 질을 높이기 위해선 반드시 보통 인민, 민간조직, 협회가 기층 협상과정에 참여해야 한다고 강조한다. 또한 중국의 일부 지식인들은 선거민주를 비켜갈 수 있기 때문에 협상민주에 관심을 보이지만, 협상민주를 충분히 발전시키고 그 역할을 완전히 발휘하게 하려면 자유민주가 전제되어야 한다고 본다. 자유민주가 없는 중국에서 협상민주는 선천적인 결함을 갖고 있으며 민주적 기능의 충분한 발전을 제약한다는 것이다.

그렇다고 허바오강이 선거를 전제로 하는 자유민주로의 체제전환을 주장하는 것은 아니다. 허바오강은 중국 협상민주의 실천들이 중요한 민주적 요인을 구현하고 있다고 본다. 어떤 상황에서는 협상제도가 처음에 전제적 통치를 강화시키기도 하지만 협상제도가 발전함에 따라 구조적인 변화를 야기하여 지방 민주에 새로운 길을 열 수 있다는 것이다. 따라서 허바오강에게 협상민주는 민주형식의 하나이자 민주로 가는 하나의 길이기도 하다. 정치적 권리를 부여받은 인민인 '공민'을 정치과정의 주체로 불러옴으로써 기존 권력구조의 틀을 변화시키고 새로운 민주로의 길을 열 수 있는 방법의 하나로 '협상민주론'을 주장하고 있다.

4부

'국가'를 통해
중국식 민주를 말하다

중국은 서구 민주주의가 놀라운 장점을 가지고 있고 일정한 위업을 달성했음에도 불구하고 민주주의를 탈(脫)신화화할 필요가 있다고 인식한다. 즉 좋은 의미체계를 지닌 모든 것을 민주주의라는 바구니에 넣는 다면 민주주의는 실천적인 정체(polity)나 지배수단이 아니라 하나의 이 데올로기에 불과하다는 것이다. 이런 점에서 중국학계는 데모크라시(Democracy)를 새롭게 해석한다. 이들 의 눈에는 데모크라시의 최초 중 국어 번역은 '민주'였지만, 그것은 '인민이 주인'이라기보다는 '인민의 주인(民之主)'을 선출한다는 '선주(選 主)의 의미 가 강했다는 것이다. 그리고 역사적으로도 '민주'는 애초의 '나쁜 것'에서 '좋은 것'으로 변화했고 심지어 당시 정치엘리트들은 민주주의를 두려워했 으나. 민중의 요구를 억진시킬 수 없었기 때문에 수동적으로 수용한 것으로 보았다. 뿐만 아니라 대의제도도 '분권적 견제와 균형'을 표방 했으나 자유경 쟁 선거에서 다수의 참정기회가 사실상 제한되었고, 보통선거도 귀족적 성격 을 띠니고 있다는 한계를 지적했 다. 요컨대 '자유, 헌정, 대의, 선거, 다원' 등의 서구적 민주주의 개념은 광의의 민주를 구축하는 '새장(鳥籠)속 민주 주의'로 간주했다. 반면 중국은 혁명을 통해 사회주의 국가의 정당성을 획득했고, 마르크스 국가론의 관점에서 '민주가 곧 전정(專政)' 이라는 논리 속에서 일당체제를 유지해왔다. 이것은 '분권적' 견제와 균형과는 대비되는 '분업적' 견제와 균 형을 의미하는 것 이다. 중국식 민주의 또 하나의 중요한 특징은 가치 또는 이념체계로서의 민주와 도구적 성격의 '민주'를 구분하고 있는데 그 핵 심은 '누가 지배하는가' 보다는 '어떻게 지배하는가'를 주목하는 것으로 도구적 특징이 강했다.

정융녠(鄭永年)의 '국가건설론'

정융녠은 국제적으로 명성을 지닌 중국전문가 중의 한 명이다. 그의 관심 분야는 매우 광범위해서 중국 공산당 개혁과 거버넌스, 비(非)국가 영역과 거버넌스 문제를 통해 중국의 정치개혁과 민주주의를 논하고 있을 뿐 아니라 세계화와 국가 전환의 문제, 중앙과 지방관계, 인터넷과 국가사회관계, 글로벌 경제위기와 중국, 중국의 민족주의 문제 등 실로 다양한 논의를 섭렵하고 있다. 최근에는 중국의 교육문제, 계층문제, 지식인에 대한 관심도 보이고 있다. 그는 1962년생으로 1985년 베이징대 국제관계학원 학부를 졸업하고 석사공부를 마친 이후 1988년 미국으로 건너갔다. 1995년 미국 프린스턴대학교에서 정치학 박사학위를 받았고, 영국 노팅엄대학교 당대중국학대학원 중국정책연구소 교수 및 연구주임을 맡은 바 있다. 현재 싱가포르 국립대학 동아연구소 소장으로 있다. 지금까지 14권의 저서와 12권의 편집저서를 냈고 다수의 논문을 지속적으로 출간하고 있으며, 신문이나 기타 매체에도

자주 글을 발표하고 있다. 1997년부터 2006년까지 홍콩 〈신보(信報)〉에 전문 기고를 했고, 2004년부터는 싱가포르 〈연합조보(聯合早報)〉의 필진으로 활동하고 있다. 다년간에 걸친 그의 전문적인 연구와 저작들이 중국 연구에 광범위한 영향을 미치고 있다.

정융녠은 중국의 민주주의와 관련된 기존의 정치개혁 이론을 자유파, 민주파, 공민사회파¹ 세 가지로 분류했다. 그가 보기에 자유파는 국가권력을 축소하고 사회와 인민에게 더 많은 자유를 줘야한다고 주장한다. 민주파는 강대한 국가권력을 반대하지 않으나 민주적이지 않은 국가권력에는 반대한다. 중앙정부의 권력을 강화하는 한편 인민의 국가에 대한 정치참여를 강조해 이로써 국가가 전제주의로 가는 걸 피해야 한다는 것이 민주파의 견해다. 공민사회파는 국가 권력에 대한 사회역량의 효과적인 제약을 강조하면서 비정부 조직을 기초로 사회 권력을 세워야 국가권력의 강대함을 막을 수 있다는 주장을 편다. 그는 이 세 가지 이론이 중국 정치개혁의 최종목표로 민주적 정치제도 건립을 말하고 있지만, 어떻게 정치개혁을 진행시킬 것인가에 대해서는 공통된 인식을 갖고 있지 않으며, 세 가지 주장 모두 민주화 과정에서의 국가 역할을 소홀히 다룬다고 비판한다.

정융녠은 민주화 과정이 때로는 국가건설(state building)의 과정이기보다 국가 소멸의 과정이라고 말한다. 개발도상국들의 정치개혁은 국가건설이 기본적으로 되어야 하는데 민주주의를 먼저 도입한 결과, 국가 분열과 사회적 혼란만을 야기하고 국가의 붕괴를 가져왔다는 사실을 상기시키고 있다. 그가 보기에 서구 민주주의는 시장형성과 자본주의 경제구조, 산업화된 부유한 사회, 국가의 정치적 전통에 의해 형성된 것이다. 그러나 중국의 경우 이런 전제조건이 없으며 중국은 중국만이 가진 고유한 정치적 전통이 존재한다. 또한 중국과 같은 개발도상국에서는 반드시 국가 혹은 정부가 자본주의를 만들어내고 경제발전을 추진해야 한다. 민주는 이 과정에서 정치엘리트가 사회에 부여하는 일종의 선물이다. 왜냐하면 사회에 대한 제어가 결여된 국가는 민주정체로 전환되기 어려우며 한 사회가 민주적 전환을 하려면 우선 최저한도의 국가제도, 정치질서와 정부의 영토와 인민에 대한 유효한 통제가 있어야하기 때문이다. 이러한 것이 없을 경우 민주화는 불가능하고 일어난다 해도 그 실질적 의미를 상실하게 된다.

그렇다면 그는 왜 국가건설을 가장 우선적인 과제라고 생각할까. 정융녠이 민주주의를 국가건설 다음 단계로 보는 것은 민주주의가 경제발전을 촉진하지 못하면 사회적 불만을 야기하게 되고 정권도 합법성을 잃게 되어 국가건설을 이룰 수 없기 때문이다. 그의 관점에 따르면 국가건설에서는 다음과 같은 것들이 요구된다. 첫째는 경제발전으로, 이는 인민생활의 개선을 위해 중요할 뿐 아니라 중국의 민주화의 유효성에 대해서도 정치적 의의를 지닌다. 둘째, 중국은 여러 가지 다양성을 가진 국가이고 이러한 다양한 차이에서 하나의 통일된 정권을 유지하려면 국가권력은 필히 커다란 역할을 해야 한다. 셋째, 세계화의 추세에서 국제환경에 효과적으로 반응할 수 있는 정부가 필요하다. 넷째, 민주화는 국가건설을 보장할 수 없고 민주제도의 정상적인 운영은 국가제도의 지원을 받아야 한다. 물론 이러한 그의 견해가 민주화를 외면하고 있는 것은 아니다. 정융녠도 국가건설과 민주화를 연결하면서 민주적 국가건설을 어떻게 진행시킬 것인가, 중국이 과연 민주정권에 필요한 최소화의 제도적 조건을 갖추었는가가 중요한 핵심임을 알고 있다. 중국이 이러한 최소한의 요구를 보장하는 제도를 구비했는가에 대한 공통된 합의가 생기면 국가가 어떻게 민주화될 것인가를 진행시킬 수 있다는 것이며, 그렇게 해야 정치민주화 실천에서 국가의 해체를 피하고 강대한 민주국가의 이상을 실현하게 된다고 보는 것이다.

정융녠은 개혁의 단계가 경제개혁 – 사회개혁 – 정치개혁의 순으로 이루어져야 한다는 주장을 하고 있다. 공산당 15대에서는 법치가 제기되었고 16대 이후에는 사회개혁이 개혁의 핵심으로 떠올랐으며 이것이 완성되면 자연스럽게 정치개혁이 실시될 수 있다는 것이다. 여기서 사회개혁의 기능은 우선 경제효율과 국유기업 개혁으로 야기된 사회적 불평등에 대해 사회적으로 보상하는데 있다. 사회주의는 여기서 사회를 보호하는 기제로 작용한다. 둘째, 사회개혁을 통해 경제개혁을 심화시키고 새로운 경제 성장의 동력인 소비사회 건립을 위한 기초를 마련하는 것이다. 이를 위해 사회보장, 의료, 교육문제를 해결해야 한다. 사회개혁은 사회를 보호하는 제도이고 사회보장 제도를 활용해 국민 소비를 독려하는 것이다. 그 다음에 오는 정치개혁은 법치(혹은 헌정), 당내민주와 인민민주가 결합된 형태가 될 것이라고 보고 있다.

과연 정치개혁에서 법치, 당내민주, 인민민주는 어떻게 결합될 수 있을까. 정융녠은 이 중에서 당내민주를 가장 강조하는데 그것은 당내민주가 인민민주를 이끌 수 있다고 보기 때문이다. 여기서 인민민주는 사회민주로, 당내민주가 하향식 과정이라면 사회민주는 상향식 과정이다. 당내민주는 당 내부로 국한되며 엘리트 내의 민주를 말하고, 사회민주는 전체 사회, 즉 대중민주를 말한다. 그의 시각에 의하면 엘리트 민주인 당내민주가 대중민주인 인민민주를 주도하는 것은 민주발전의 역사와 실천에 부합하는 것이다. 왜냐하면 대다수 선진국의 민주 역사도 이와 같았기 때문이다. 서구의 민주주의 역사에서 대부분의 실천은 엘리트 민주를 위한 것이었고 인민민주의 역사는 매우 짧다. 결국 민주의 본질은 엘리트간의 상호작용과 타협이며 엘리트 사이의 경쟁과 타협은 사회이익을 대표하므로 엘리트 민주인 당내민주가 대중민주인 인민민주를 주도하는 것은 역사적 합리성을 가진다는 것이 그의 주장이다. 상향식 사회민주가 필요한 건 사실이지만 중국에서는 아직 실천단계에 도달하지 못했는데, 그 이유로 사회민주의 법률적 기초가 부족하고 상향식 민주가 부정적 정치효과를 가져올 수 있으며 정치체계를 과도하게 분산시킨다는 점을 들고 있다. 이것이 정융녠이 일관되게 주장하는 상향식 인민민주가 국가의 분열을 야기할 수 있다는 위기의식의 표현이다.

정융녠은 17대에서 큰 폭의 당내민주를 실현했고 18대에 들어 당내민주가 더 진전되어야 하는 압박을 가질 것이라고 예견하고 있다. 그는 정치개혁으로서의 당내민주가 어떠해야 한다고 볼까. 그는 당내민주는 사람을 선출하는 것이 아니라 정책을 선택하는 것이며 후보자의 정책지향과 집행능력이 관건이 되어야 한다고 본다. 이 경우 선거에만 치중할 경우 각종 이익의 조정을 받는 보수적 후보자가 현존하는 이익구조를 유지하려 하기 때문에 선발과 선거를 혼합한 형태의 민주를 실천해야 한다고 주장한다. 중국은 전통적인 현인정치와 서구의 민주정치를 통합한 제도가 형성되었다. 현인정치는 선발이며 민주정치는 선거를 말한다. 당내민주는 선발을 잘하는 것이고 장기적으로 당내민주는 좋은 후보자 집단을 선발하고 다시 사회적으로 선거를 확대하여 사회민주를 실현하는 것이다. 만약 당내민주가 사회민주와 결합하지 않으면 선거는 엘리트 상호 투표의 봉쇄된 정치유희에 지나지 않는다.

그는 이에 관한 설명을 위해 싱가포르의 사례를 들고 있다. 싱가포르의 권력이 청렴하고 효율적으로 집중되어 국가건설을 완벽하게 이룰 수 있었고 이것이 싱가포르의 민주주의를 이루는 데 뒷받침이 되었다는 것이다. 또한 싱가포르는 유가전통과 자본주의 제도를 잘 결합했는데 바로 선발과 선거를 결합한 선거제도를 채택하고 있다. 중국 고대의 과거 시험과 유사한 선발은 중국 전통의 것이며 선거는 서구적인 것이다. 싱가포르의 사례는 당내민주에서 선발과 선거라는 정치개혁을 통해 우수한 엘리트를 육성하고 이들이 당내민주를 실행하며 그것이 결국은 인민민주를 이끌게 된다는 자신의 주장을 보여주는 증거라는 것이다. 여기서도 물론 당내민주를 통해 국가건설을 완벽하게 이루는 것이 우선이다. 결국 그가 보는 정치개혁의 기본목표는 기본적 국가제도건설이고 민주화는 국가제도 중 하나에 불과하다. 민주가 다 좋은 것이 아니라 좋은 민주라야 비로소 좋은 것이며 중국이 민주화 이전에 국가제도 건설을 제대로 하지 못하면 질 낮은 민주를 하게 될 것이다. 성공한 대부분의 국가의 경우 기본적인 국가제도가 민주화 이전에 건립되었다는 역사적 사실이 바로 이를 입증해주고 있다. 이러한 그의 주장은 최근 그의 논문들을 정리해 출판한 『중국모델: 경험과 좌초』와 일련의 논평에서 엿볼 수 있다.

그렇다면 그는 중국 정치개혁의 미래에 대해 낙관적으로 전망하고 있는가? 그는 지도권(영도권)이 약한 것은 중공당내 개혁에 대한 공통된 합의가 없는 것과 긴밀한 관계가 있으며, 당내에 공통된 합의가 없는 것은 당내 민주 결핍과 서로 연관되어있다는 견해를 가지고 있다. 원자바오의 정치개혁 논의에 대해 중국 공산당이 냉담한 반응을 보이는 것에 대해 유감을 표하면서 그 이유로 첫째, 중앙의 권위가 소실되고 중앙의 개혁의지가 약화되어 어떠한 행동도 나타나고 있지 않기 때문이며, 둘째, 개혁 주체로서의 집권당이 개혁에 대한 집단적인 합의가 결여되어 있기 때문이라고 분석하고 있다. 중국의 사회경제적 발전으로 집권당의 물질과 조직 동원 능력은 강화되어 각종 위기를 대처하는데 유효하지만, 집단적 합의가 결여되어 하나의 집단으로서 중대한 개혁문제에 대해서는 침묵을 유지하고 있다는 것이다. 셋째, 정치개혁이 장애를 받는 것은 중국의 기득권 이익이 이미 강대해졌다는 걸 반증한다고 그는 역설한다. 정융녠은 집권당이 스스로를 개혁하지 않으면 국가 개혁을 지도할 수 없다고 우려한다. 중국 정치개혁의 미래를 위해서는 중국 공산당이 당내민주를 통해 당 전체에서의 권위, 각급 당 조직에서의 권위, 그리고 당 자신의 사회에서의 권위를 확립하는 것이 무엇보다 시급하다고 주장한다.

정융녠의 논의는 '연성권위주의(Soft Authoritarianism)'를 떠올리게 한다. 연성권위주의 체제는 동아시아 신흥공업국이 정부주도로 경제성장을 가속화하고 국민들의 생활수준을 상승시키면서 국제무대에서 중요한 위치를 점해간 과정을 거울로 삼고 있다. 또한 서구와 달리 유교적 전통을 가진 동아시아 국가에서 가부장적 권위주의가 정치와 결합하면서 긍정적으로 보여지는 권위주의의 부드러운 모습을 통해 체제의 정체성을 찾아내려는 시도일 수 있다.

근대화를 시도하는 많은 국가들은 독립된 자주 국가와 경제발전을 목표로 삼는다. 이 과정에서 국가건설과 민주화 사이에는 복잡한 관계가 존재한다. 국가건설을 위한 민주화의 희생이라는 이데올로기가 바로 그것이다. 국가건설을 강조하는 경우 국가제도, 정치질서의 정비와 정부의 영토, 인민에 대한 통제력 그리고 경제를 발전시킬 능력을 구비한 강한 정부를 우선시 한다. 이러한 전제조건이 없을 경우 한 국가의 민주화는 불가능하며 민주화가 일어난다 해도 혼란이 생겨 그 실질적 의미를 상실한다는 것이다. 국가건설이 우선인가 민주적 제도 건설이 우선인가에 대해서는 논란이 있을 수 있지만, 국가건설이라는 목적이 정부의 권한을 강조하고 이것이 권위주의 정권의 유효성을 변호하는 한 민주적 제도의 건립은 점차 부수적인 것이 된다. 중국에서 정치체제 논의가 주로 권위주의 범위 안에 갇혀있는 것은 중국의 정치권력이 권위주의적 요소를 핵심으로 하고 있으며 민주주의는 단지 형식적 도구와 절차를 제공하는데 그친다는 선입관 때문이다. 개혁이 진행될수록 권위주의 요소는 지속적으로 우세할 가능성이 크다. 그러나 문제는 민주주의 요소 또한 지속적으로 증가할 것이며 경쟁력을 가진 국가의 건설은 민주적 제도가 결여된 채 완성되기 힘들다는데 있다.

그가 강조하는 국가건설에서 국가란 과연 무엇인가. 사회나 대중과 분리된 국가가 존재하는가. 정치개혁이 민주화로만 설명되는 건 아니지만 민주화를 뒤로 한 채 국가건설과 제도정비에 대한 강조만 하는 것을 엄밀한 의미의 정치개혁이라고 부를 수 있는가. 그가 주장하는 정치개혁으로서의 국가제도 건설의 구체적 내용은 과연 뭘까. 이런 여러 가지 의문이 드는 것은 그가 중국의 정치개혁과 민주화에 대한 비전과 미래를 보는 자신의 시각을 제대로 보여주고 있지 못하기 때문으로 생각된다.

더불어 정융녠의 논의가 가진 또 하나의 문제점은 그가 기층민주에 대한 낙관을 통해 농민민주에 대한 재인식을 강조하는 듯이 보이지만, 실제로는 사회적 힘의 분출을 부정적으로 보고 있다는 것이다. 사실상 중국의 기득권이 강해지고 이것이 정부에 영향을 미쳐 국가의 진일보한 정치개혁에 제동을 걸고 있다면 이를 어떻게 해결할 것인가. 국가건설이 인민을 위한 것이 아니라 권력과 재산을 가진 자에게 유리하게 작동될 때 과연 어떻게 할 것인가. 그가 말하는 先국가건설－後민주주의 논리가 사회적 기반이 강해지는 것을 오히려 가로막고 있는 것은 아닐까. 엘리트를 중심으로 한 것이 아니라 기층의 역량을 통해 국가건설이라는 목표를 세울 수는 없는가. 물론 국가건설이 가장 중요한 목표라는 전제하에서 말이다.

캉샤오광(康曉光)의 '협력주의 국가론'

정치사회학 분야에서 상당한 명성을 얻고 있는 캉샤오광(康曉光)은 독특한 이력의 소유자다. 1963년 랴오닝성(遼寧省) 선양시(沈陽市)에서 출생한 그는 다롄(大連)이공대학 수학과(1986년)를 졸업하고 중국과학원(1993년)에서 석박사 학위를 마쳤다. 그 이후 중국과학원 산하 생태환경연구센터에서 연구원으로 재직하다, 2005년부터 런민대학(人民大學) 공공관리학원 교수로 부임했다. 수학자에서 시작해서 사회학자로 변신한 그는 중국 고전(특히 유가철학)에도 해박한 지식을 가지고 있으며, 그의 주장 또한 유가철학의 현대적 적용을 시도하려는 것이라 할 수 있다. 따라서 그는 민주주의의 보편성과 우월성을 부정하면서, 유가철학의 위계적 권위 질서를 계승하는 권위주의를 옹호한다.

캉샤오광은 2000년대 초중반 중국 정치체제 문제에 대한 일련의 논문을 발표하면서, '협력주의(合作主義) 국가'를 중국 정치체제의 대안으로 제시한다. 2004년 중국의 대북한 외교정책을 비판한 논문이 문제가 되어 당국으로부터 폐간 조치된『전략과 관리(戰略與管理)』에 다수의 논문을 발표했고, 일부는 홍콩에서 발행되는『21세기(二十一世紀)』와 미국 프린스턴 대학에서 발행하는『당대중국연구(當代中國研究)』에도 실었다.[1] 그의 정치체제 개혁 구상을 가장 잘 보여주는 대표적인 논문은 2003년『전략과 관리』에 발표한 '협력주의 국가론(論合作主義國家)'이다. 그는 자신의 논문을 모아 출판사 없이 자비로『인정(仁政)』이라는 제목의 단행본을 출판하기도 했다.[2]

캉샤오광은 정치를 '일종의 이익 분배체계'로 이해하는데, 여기서 가장 중요한 가치는 이익분배의 '공정성'이다. 즉 좋은 정치제도란 특정 세력(계급)의 이익독점이 아닌, 모든 계급계층이 이익분배 과정에서 공정하게 대우받는 제도라 할 수 있다. 그는 개혁개방 이후 중국의 체제전환에 대한 평가에서 중국은 사회주의도 자본주의도 아닌 독특한 모델을 성공적으로 창조해왔는데, 경제체제는 기본적으로 제도개혁이 거의 완성단계에 접어들었다고 평가한다. 그런데 중국의 정치체제가 외형적으로 안정되어 있지만 내부적으로 통치정당성이 크게 약화되고 있으며, 특히 현재 중국의 권위주의 정치체제는 이익 분배에서 통치엘리트를 중심으로 자본가와 지식인이 결탁하여 다수의 노동대중을 수탈하는 '나쁜 권위주의 체제'라고 비판한다. 따라서 공정한 이익분배체계 확립을 위해서는 통치계급(정치엘리트), 자산계급, 지식인계급, 노동계급 간에 협력적 제도를 구축하는 것이 최선의 정치제도라 할 수 있다. 이를 위해서 노동대중의 참여와 권리가 배제된 채 엘리트정치로 전락한 선거제도보다는 높은 도덕성과 능력을 갖춘 정치엘리트를 추대하는 방식이 더 합리적이다. 즉 현재 중국 정치체제 개혁의 요체는 나쁜 권위주의에서 좋은 권위주의 체제(협력주의 국가)로의 전환에 있다고 주장한다.

캉샤오광은 중국의 현실에 가장 부합하는 정치체제 모델인 협력주의 국가론의 우월성을 설명하기 위해, 서구 자유민주주의에 대한 맹목적 신화를 깨뜨려야 한다고 주장한다. 자유민주주의 정치체제는 정당성 측면과 그 실제 효과 측면 모두에서 결코 좋은 정치체제가 아니라고 주장한다. 먼저 정당성 측면에서 자유민주주의는 민주주의 본연의 가치인 '인민의 주인됨', 즉 인민주권을 실현하기 위한 방법으로 경쟁선거 제도를 도입했지만, 실제로는 자본에 의해 통제되고 자산계급의 이익을 대변하는 엘리트정치 혹은 과두정치에 불과하다고 비판한다. 즉 자유민주주의에서 '민주'는 인민주권과는 거리가 먼 철저히 기만적인 개념에 불과하다는 것이다. 다음으로, 그 실제 효과 측면에서도 자유민주주의는 실패한 모델이라고 주장한다. 자유민주주의는 철저하게 서구의 전통과 문화에 기초한 것이며, 여타 지역에서 성공한 사례가 거의 없다는 것이다. 특히 중국의 발전단계와 유사한 동유럽 체제전환 국가나 라틴아메리카의 많은 개발도상국가에서의 실패는 중국이 반면교사로 삼아야 한다고 주장한다. 즉 자유민주주의가 추구하는 사회다원성과 다당제에 기초한 경쟁선거 제도가 오늘날 중국이 직면한 부패, 불평등과 같은 문제를 해결할 수 있다는 경험적 증거는 없다는 것이다.

자유민주주의에 대한 이와 같은 비판은 곧 캉샤오광이 협력주의 국가론의 이론적 기초로 삼는 계급분권론을 주장하는 근거가 된다. 자유민주주의에서도 "삼권분립론"에 기초한 견제와 균형의 원리를 강조하지만, 이는 자산계급의 권력독점 범위 안에서의 분권일 뿐 노동계급의 이익을 대변하는 분권체제는 아니라고 비판한다. 캉샤오광의 주장에 따르면 시장경제 사회는 기본적으로 통치계급, 자산계급, 지식계급, 노동계급 네 개의 계급으로 구성되는데, 이들 간의 분권을 실현하기 위해서는 이들 계급 간에 '자치(自治), 협력(合作), 균형(制衡), 공동의 향유(共享)'라는 네 가지 기본원칙이 실현되는 제도라야 한다. 먼저 '자치' 제도로서, 통치계급의 권력자치를 보장하기 위해서는 정부가 특정 계급의 이익을 초월하여 전체 국가이익을 도모할 수 있는 권위주의 정치를 실현해야 하고, 자본계급의 자치를 위해서 사유재산 보호와 법치에 기초한 시장경제 제도를 실현하고, 지식계급의 자치를 위해서는 언론, 출판, 학술 자유가 보장되어야 하며, 노동계급 자치를 위한 제도로서 결사의 자유와 독점적 대표권을 가진 노동단체를 통해 정치참여를 보장해야 한다.

다음으로 '협력'과 '균형'을 위한 제도로 다원주의적 의회정치가 아닌, 각 분야 직능단체가 협상과 담판을 통해 정책결정에 참여할 수 있는 조합주의(法團主義; corporatism) 제도 건설을 주장한다. 이 때 정부는 중립적 위치에서 여러 계급과 사회단체간의 타협을 실현하는 역할을 수행해야 한다. 여기서 가장 강조하는 바는 시장경제 체제에서 가장 위험한 권력집단인 자본계급의 독재를 제약하기 위한 견제와 균형의 제도를 세우는 것이다. 이 문제를 해결하는 방법 역시 계급이익을 초월한 통치계급의 권위주의 정치를 통해 자본의 권력독점을 방지해야 한다.

마지막으로 '공동의 향유' 원칙은 기회의 공평한 분배를 강조하는데, 특히 사회적 약자의 기본권을 보장하는 복지국가 제도를 건설해야 한다. 복지국가 건설에서도 핵심은 자본의 과도한 권력을 제약하는 것인데, 공평한 분배를 통해 자본계급의 경제적 권리를 제한하고, 권위주의적 조합주의 정치제도를 통해 자본의 정치적 권리를 제한하는 제도라 할 수 있다. 결론적으로 협력주의 국가론의 기본 공식은 "권위주의 정치+자유시장경제+조합주의+복지국가"로 정리할 수 있다.

캉샤오광의 협력주의 국가론은 기본적으로 민주주의를 부정하고 권위주의를 옹호하는 주장이라 할 수 있다. 하지만 캉샤오광은 권위주의도 좋은 것과 나쁜 것이 있는데, 체제의 정당성과 유효성 두 가지 요소의 교차를 통해 권위주의를 네 가지 유형으로 분류한다. 먼저 최악의 권위주의(I)는 정당성도 없고 실제 효과도 없는 무능한 정치체제이며, 두 번째 차악의 권위주의(II)는 정부 효율성은 높지만 정당성이 취약한 체제로서, 이런 체제는 정치안정과 경제발전에 유리하지만 엘리트 계급간의 결탁으로 대중을 수탈하는 체제다. 세 번째 유형(III)은 통치정당성은 있지만 정부효율성이 낮은 체제로서, 정부가 사회의 경제적 이익을 약탈하는 부도덕한 행위는 하지 않지만 시장경제의 불평등 교정과 사회적 약자의 권리 옹호에 소극적인 정부가 해당한다. 마지막으로 최선의 권위주의(IV)는 통치정당성과 정부효율성을 모두 확보한 협력주의 국가로서, 정치권력을 독점한 권위주의 정부는 높은 도덕성을 바탕으로 시장 질서를 보호하고 시장의 불평등성을 적극적으로 교정하려는 정부다.

〈표 1〉 권위주의 정치제제의 유형

정부 유효성	강	엘리트 결탁과 대중수탈(II) (차악)	도덕적 정부, 불평등 교정(IV) (최선)
	약	무능한 정치(I) (최악)	도덕적 정부, 불평등 심화(III) (차선)
		약	강
		통치 정당성	

개혁개방 이후 중국의 정치현실에 대해 캉샤오광은 기본적으로 전체주의에서 권위주의 체제로의 전환에 성공했다고 평가하지만, 현 권위주의 체제는 아직 최선은 아니며 위의 네 가지 유형 분류에 따르면 차악의 권위주의에 해당한다. 즉 시장경제 전환과 경제발전이라는 업적을 이루었지만, 계급분권과 공평의 가치를 실현하는 데 실패한 정치체제라는 것이다. 중국은 시장전환 이후 자본가(경제 엘리트)와 지식인(지식 엘리트)이 신흥 엘리트 계급으로 부상하면서 이들과 당정 관료집단(정치 엘리트) 간에 공고한 동맹구조를 형성하여, 주변화 된 노동계급을 수탈하는 불공정 사회로 전락했다고 비판한다. 즉 현재 중국의 정치체제는 '엘리트 결탁과 대중수탈'을 기본 특징으로 하는

나쁜(차악의) 권위주의 체제라는 것이다. 나쁜 권위주의를 좋은(최선의) 권위주의로 전환시키기 위해서는 당정관료, 자산계급, 지식인 간의 엘리트 결탁구조를 혁파하고 견제와 균형이 작동하는 관계로 전환시켜야 하며, 주변화되고 수탈의 대상으로 전락한 노동계급에게 분배의 공정성과 대표조직을 통한 참정의 기회가 제공되는 조합주의와 복지국가로 나아가야 한다고 주장한다. 이렇게 되면 노동대중에게 사회주의보다 더 많은 부를 가져다주고, 자본주의에 비해 더 안전한 사회보장을 가져다 줄 수 있을 것으로 기대한다. 이것이 바로 최선의 권위주의로서 협력주의 국가론이다.

캉샤오광은 자신의 협력주의 국가론이 이상적인 모델은 아니며 약점이 있다는 점을 인정한다. 협력주의 국가론이 권위주의 정치체제를 옹호하지만, 통치집단의 권력독점(권위주의 체제)의 정당성에 대해 충분히 논증하지 못했다고 자평한다. 따라서 협력주의 국가론은 현실 정치에서 실현가능성을 고려한 타협적 이론이며, 좀 더 이상적인 국가론을 통해 권위주의 통치세력의 도덕적 우월성을 설명할 필요가 있다고 본다. 캉샤오광은 그 해답을 유가사상의 '인정론(仁政學說)'에서 찾으려 한다. 유가사상의 인정론은 위정자가 어떻게 권력을 잡았는가를 문제삼지 않고, 위정자의 도덕성과 자질을 중시한다. 위정자는 자신의 권력의 크기만큼이나 높은 도덕성과 능력을 갖춰야 한다는 이른바 '현인정치(賢人治國)'를 실시해야 한다는 것이다. 유가사상에서 권력은 '세습'이 가능하지만, 만약 후계자가 현인(賢人)으로서의 자질이 부족하다면 더 훌륭한 인물에게 권력을 양도하는 '선양(禪讓)'이 가능하고, 그것마저 여의치 않다면 민중혁명에 의해 새로운 권력이 창출될 수 있다고 본다. 과거 중국의 역사에서 권력 이전은 주로 세습 아니면 혁명이었는데, 덩샤오핑 이후 중국공산당의 권력승계 구조는 '선양'이 점차 제도화되는 과정이라고 주장한다.

캉샤오광은 유가사상이 협력주의 국가론의 취약한 부분을 보완하면서, 좀 더 강력한 이론적 정당성을 제공할 수 있다고 본다. 나아가 중국인에게 유가 사상은 전통적으로 하나의 종교와 같이 신념화된 사상체계로서, 향후 중국의 미래는 준종교로서 유교를 국교로 삼아 현대적이고 새로운 의미의 '정교합일' 국가를 건설해야 한다고 본다. 이를 위해 우선 소학교(초등학교)에서부터 〈논어〉를 필수과목으로 지정하고, 국가공무원 시험에서도 유가사상을 정식 시험 과목으로 채택해야 한다고 주장한다.

이상으로 캉샤오광이 제시하는 협력주의 국가론의 요지를 살펴보았다. 협력주의 국가론을 평가할 때 먼저 검토할 문제는 서구 정치이론에서의 조합주의 국가론과의 유사성이다. 사실 협력주의 국가론은 사회 제 계급의 이해관계를 초월한 강한 자율성을 가진 정부로서 권위주의 정치체제의 정당성을 인정한다는 점, 그리고 노동계급 등 기층 대중은 단일한 대표조직을 통해 참정권을 보장받아야 한다는 점에서 서구 정치이론의 국가조합주의론(state corporatism)과 흡사하다. 캉샤오광 역시 중국의 새로운 정치체제 개혁에서 주목할 만한 외국의 사례로 멕시코를 꼽는다. 멕시코는 국가조합주의의 특성을 가지고 있는데, 특이한 점은 단일한 대표성을 가진 사회단체의 조직화와 협상기제를 정부가 아닌 '혁명 제도당'이라는 집권당이 모두 장악하고 있다는 점이다. 중국공산당 일당지배 체제와의 유사성에 주목한 것이다.

하지만 캉샤오광은 중국이 추구할 정치모델로서 서구의 조합주의 모델, 특히 서유럽에서 채택했던 사회조합주의 국가로 나아가지 않을 것임을 분명히 한다. 서유럽과 달리 중국이 처한 역사적 맥락과 문화, 방대한 영토와 인구 등 여러 가지 특수성 때문에 의회민주주의에 기초한 사회조합주의(social corporatism) 모델은 중국에 부합하지 않다는 것이다. 오히려 유가사상에 기초한 중국의 문화민족주의를 더욱 발전시켜 가장 도덕적이고 능력 있는 대표자를 통치계급 내부의 합의를 통해 추대하는 방식이 더 적절하다고 주장한다. 즉 캉샤오광의 조합주의에 대한 인식은 권위주의 체제의 합리화를 위한 도구적 차용의 성격이 매우 강한 논리라 할 수 있으며, 국가조합주의 체제의 민주적 발전가능성에 대한 고민은 거의 없어 보인다.

다음으로 권위주의 체제를 옹호하는 협력주의 국가론에서 향후 중국의 정치체제 개혁을 어떻게 실현할 것인가의 문제이다. 캉샤오광은 현재의 중국 정치체제는 노동자, 농민 등 기층대중을 소외시키고 수탈하는 나쁜 권위주의에서 노동계급의 참정권과 복지가 보장되는 협력주의 국가라는 좋은 권위주의로 전환시켜야 한다고 주장한다. 심지어 현재의 중국공산당이 좋은 권위주의를 실현할 수 있는 능력과 도덕성을 갖출 수 있다고 주장한다. 결국 중국의 정치개혁은 현재의 중국공산당 주도의 정치체제를 제도적으로 개혁하고 보완하는 방식으로 진행될 수밖에 없다. 이런 개혁방식은 대체로 최근 중국 지도부가 제시하는 당내민주나 사회주의 민주건설의 논리와 유사성이 많다는 점에서 크게 보면 관변의 이론에서 벗어나지 않은 논리라 할 수 있다.

캉샤오광의 고민의 근저에는 시장화 이후 경제적·정치적으로 점차 소외되고 있는 노동계급의 이익을 실현하기 위한 제도적 해결방안을 찾는데 있다. 이런 점에서 시장화 이후 중국사회 문제의 핵심을 정면에서 접근하려는 그의 노력은 인정받을 만하지만, 그 대안이 결국 중국공산당 일당지배 체제를 합리화 하는 논리로 귀결되었다는 점에서 혁신적인 주장이라고 보기는 어렵다. 또한 권위주의 체제의 정당성을 설명하기 위해 유가철학에 기초한 전통적 통치질서의 현대적 변용을 시도한다. 그는 향후 중국은 유가사상을 준종교 수준의 국가통치 이념으로 정착시켜야 한다고 주장한다. 그런데 현대 국가에서 이런 복고주의적 대안으로 국가제도의 설계가 가능할지 의문이다. 특히 중국의 정치체제는 국내 정치사회 문제 뿐 아니라, 국제관계에서도 중요한 변수로 작용하고 있다는 점에서 유가사상에 기초한 정치질서가 중국과 세계질서와의 관계에서 큰 마찰을 일으킬 수 있다는 점에서 매우 위험한 주장이라 할 수 있다.

판웨이(潘維)의 '자문형 법치국가론'

　판웨이(潘維)는 중국 정치체제 개혁 담론에서 가장 논쟁적인 인물이다. 1960년 베이징 출생인 판웨이는 1996년 미국 캘리포니아 대학교 버클리(UC Berkeley)에서 정치학 박사학위를 취득한 후, 모교인 베이징대 국제관계학원 교수로 부임하여 현재까지 재직 중이며 베이징대학 중국 · 세계연구센터(中國與世界硏究中心) 주임을 겸하고 있다. 판웨이는 기본적으로 경쟁선거를 통한 최고통치자의 선출을 핵심으로 하는 서구적 민주주의는 보편성을 갖는 이론도 아니며, 중국의 역사적 경험과 특수한 조건에 전혀 부합하지 않는 제도라고 인식한다. 중국에 적실한 통치모델은 '민주'보다는 '법치'에 있다는 그의 주장은 중국 내에서 뿐만 아니라 서구 학자들 사이에서도 큰 반향을 불러 일으켰으며, 중국식 정치개혁(제3의 길) 담론을 대표하는 것으로 평가된다.

　판웨이는 1999년 〈전략과 관리(戰略與管理)〉에 '법치와 미래 중국의 정치체제(法治與未來中國政體)'라는 논문을 발표한 이후, 법치우선의 개혁론을 일관되게 펼치고 있다.[1] 그의 주장은 해외에서도 큰 관심을 끌었는데, 2000년 여름 미국 덴버대학 중미협력 센터(University of Denver's Center for China-U.S. Cooperation)에서 그의 제안을 주제로 한 국제 심포지움이 개최되었다. 여기서 발표된 여러 편의 논문은 Journal of Contemporary China 특집호에 실렸으며, 2006년에는 새로운 논문을 추가하여 영문판 단행본으로 출간되었다. 또한 판웨이는 자신의 논문을 모아서 중문판 단행본을 2003년에 홍콩에서 출간했다.[2]

판웨이의 주장은 '협력주의 국가론'을 주장하는 캉샤오광과 더불어 신보수주의적 개혁방안으로 평가된다. 그는 전 세계적으로 보편성과 언어패권의 지위를 획득한 민주주의 신화가 마치 정치적 종교처럼 숭배되는 현실에 대해 강한 의문을 제기한다. 즉 서구의 민주주의 사상과 제도가 현실세계에서 결코 성공적이거나 보편성을 가진 것이 아니라는 주장이다. 1990년대 이후 많은 개발도상국가에서 진행된 민주화 물결에도 불구하고, 대부분의 국가는 심각한 부패와 공정성의 결여, 그리고 정부역할의 효율성 저하 등의 문제를 안고 있는 실패한 실험에 불과하다고 주장한다. 반면 같은 시기 중국의 경험은 민주화 물결에서 비켜서 있었음에도 오히려 더 큰 성과를 보여주었다는 사실에서 서구 민주주의 신화의 허구성은 입증되었다고 주장한다. 따라서 향후 중국의 정치체제 개혁은 일종의 '신화'에 불과한 서구 중심주의적 보편성에 의존해서는 안되고, 반드시 중국적 전통과 특수한 조건에 부합하는 새로운 제도를 설계해야 한다고 주장한다. 그는 중국이 참고할 수 있는 유력한 정치모델로 싱가포르와 홍콩의 정치체제를 꼽는다.

민주의 대안으로 법치를 주장하는 판웨이는 서구 민주주의를 "모든 성년 시민이 자유롭고 정기적으로 최고 통치자를 선출하는 제도"로 규정하고,[3] 이 제도가 작동하기 위한 4가지 핵심 요소에 대해 조목조목 비판한다.

첫째, 민주주의는 인민의 정치적 평등과 광범위한 참여를 보장해야 한다. 이에 대해 판웨이는 오늘날의 민주주의는 진정한 의미의 '인민주권(sovereignty of people)'이 아니라, 사실상 의회에 의해 지배되는 '의회주권(parliamentary sovereignty)'이며 달(Dahl)이 언급한 다두통치(polyarchy)에 불과하다고 본다. 이런 체제는 소수 정치엘리트에 의해 독점된 권력구조로서 다수 인민의 정치참여와 기회의 평등은 보장되지 않는다. 전체 인민의 진정한 (정치적) 평등의 가치를 실현하는 길은 '선거를 통한 민주'보다는 '법을 통한 만인에 대한 평등한 통치'가 더 바람직하다고 주장한다.

둘째, 민주주의는 언론, 출판, 집회, 결사의 자유를 보장해야 한다. 이러한 4대 자유의 보장이 민주적 선거제도를 실현하기 위한 중요한 담보임에는 틀림이 없지만, 반대로 선거제도가 4대 자유를 보장해주지는 못한다고 비판한다. 즉 민주적 선거제도는 4대 자유를 필요로 할 뿐, 4대 자유를 보장하는 제도는 아니라는 것이다. 4대 자유의 진정한 보장은 오로지 만인에게 평등한 법치만이 제공할 수 있을 뿐이다. 판웨이는 이를 입증할 현실세계의 사례로서 두 가지 상반된 국가유형을 제시한다. 하나는 민주는 있지만 법치가 확립되지 못한 많은 개발도상국가인데, 이들 국가에서 4대 자유가 충분히 보장되지 못한 이유는 민주의 부족 때문이 아니라 공평한 법치의 결핍 때문이라는 것이다. 반대 사례로서 민주는 부족하지만 법치가 확립된 홍콩과 싱가포르의 경우는 다른 개발도상국가에 비해 4대 자유가 충분히 보장되고 있다고 본다.

셋째, 민주주의는 견제와 균형의 원리를 실현하는 것이다. 견제와 균형은 입법, 행정, 사법의 분권적 권력구조를 의미하는데, 이 역시 민주적 선거제도를 통해 보장되지 않는다고 주장한다. 삼권분립에서 가장 중요한 사법 권력의 독립성은 민주적 선거제도와 무관하며 중립적인 문관체계 확립을 통해 가능한 문제라는 것이다.

넷째, 민주주의는 부패를 방지해야 한다. 민주주의가 부패를 방지하는 묘약이라는 인식은 환상에 불과하다고 주장한다. 부패는 기본적으로 공적 권력을 사익 추구에 활용하면서 나타나는 현상인데, 그 해결책과 민주적 선거제도와는 직접적 연관이 없으며, 심지어 민주주의가 부패를 조장하는 측면이 강하다고 주장한다. 많은 선진 민주국가에서 상대적으로 부패가 적은 이유는 이들 국가의 선거제도 때문이라기보다는 잘 정비된 법치체계 때문이라는 것이다. 반대로 많은 개도국의 심각한 부패문제 역시 민주주의를 통해 해결될 수 없는 문제이며, 법치만이 해법이라고 주장한다.

판웨이는 최고 통치자를 인민이 선출하는 민주주의가 독재보다 더 좋은 체제라는 점에 동의한다. 하지만 민주주의든 독재든 기본적으로 권력의 운용은 최고통치자를 중심으로 작동된다는 점에서 '인치'라는 공통점이 있으며, 이 점에서 민주주의는 치명적인 결함이 있다고 주장한다. 선거제도를 핵심으로 하는 민주주의 제도의 결함으로 세 가지를 지적한다. 첫째 이익집단의 요구에 너무 민감하게 반응하며, 둘째 입법과 행정 기능이 보편적 사회정의를 위해 작동하기보다는 차기 선거에서의 표를 의식하는 과잉정치화의 문제가 있고, 셋째 선거라는 권력쟁탈의 정치는 사회적 약자(및 약한 이익집단)를 주변화시키고 사회 무질서를 초래할 위험성이 크다는 것이다. 따라서 인치로서의 민주주의는 법치와 결합할 때 독재 회귀의 방지, 사회적 약자의 권리보호, 무질서 방지 등의 효과를 거둘 수 있는 최선의 정치체제를 구축할 수 있다. 이런 의미에서 서구 선진국에서 민주주의가 잘 작동되는 이유는 선거민주와 함께 법치가 잘 확립되어 있기 때문이다. 많은 제3세계 국가에서 나타나는 독재와 민주의 악순환의 근본 원인은 기본적으로 민주의 부족이 문제가 아닌 법치의 부재 때문이라 할 수 있다.

판웨이는 민주와 법치의 존재 유무에 따라 현실의 정치체제 유형을 4가지로 구분한다. 첫 번째 유형(I)이 민주와 법치가 모두 있는 서구 선진국 유형으로 최선의 경우에 해당한다. 두 번째 유형(II)은 민주는 있지만 법치는 없는 다수 개발도상국 유형으로 차악의 경우에 해당한다. 세 번째 유형(III)은 약간의 민주가 있으면서 법치가 있는 정치형태로서 홍콩과 싱가포르가 여기에 해당하며 차선의 경우로 분류한다. 네 번째는 민주도 없고 법치도 없는 소수의 개발도상국 유형으로 최악의 경우에 해당한다.

〈표 1〉 민주와 법치 존재여부에 따른 체제유형

	무 (법치)	유 (법치)
유 (민주)	다수 개도국(Ⅱ) (차악)	서구 선진국(Ⅰ) (최선)
무 (민주)	소수 개도국(Ⅳ) (최악)	홍콩, 싱가포르(Ⅲ) (차선)

판웨이는 일국의 정치체제 설계란 그 나라의 구체적인 사회경제적 조건에서 출발하여, 개인의 자유와 공동체 질서 간의 균형을 유지하기 위한 제도를 모색하는 것이라고 인식한다. 중국은 서구와 다른 역사적 경험과 사회경제적 조건에 처해 있기 때문에 정치체제 역시 다른 경로를 모색할 수밖에 없다는 것이다. 서구에서 현재의 자유민주주의가 성공한 데는 세 가지 특수한 조건에서 가능한 것이었다. 첫째, 정부권력을 제한하고 사회정의를 실현할 수 있는 법치전통, 둘째, 선거에서 다수 득표자가 최고 통치자가 된다는 다수결 원리에 대한 사회적 합의, 셋째, 다양한 이익집단의 분화를 통해 세력균형을 이룰 수 있는 조건이 그것이다. 하지만 중국은 전통적으로 이와 같은 조건이 결여되어 있는 사회이기 때문에, 서구적 다원민주주의는 사회적 혼란만 초래하는 위험한 선택이 될 것이라고 주장한다.

이런 인식 위에서 판웨이가 제시한 중국의 정치체제 모델이 '자문형 법치

국가'모델이다. 자문형 법치는 홍콩과 싱가포르의 정치제도를 참고한 것이며, 입법권의 중립성과 법집행에서의 엄격성, 효율성, 청렴성을 실현하는 방도를 찾는데 주안점을 둔 것이다. 판웨이는 자문형 법치체제의 중요한 제도적 근간(支柱)으로 6가지를 제시한다.

① 중립적 문인관료 체계

입법과 법집행 모든 면에서 중립적 공무원이 선거를 통해 선출된 의회보다 더 중립적이고 공정하기 때문에 중립적 공무원 제도 확립이 매우 중요하다. 이를 위해서는 과거제 전통을 계승하는 엄격한 고시제도와 정치적 업적에 따른 승진제도, 그리고 종신고용제를 반드시 실시해야 한다.

② 자주적 사법체계

문인 관료체계 역시 반드시 감독과 제약을 받아야 하는데, 이를 사법체계가 맡아야 한다. 자주적 사법체계는 행정, 당파, 언론의 압력에서 자유롭고 독립적인 기능을 수행할 수 있어야 한다.

③ 독립적 반부패 기구

공무원 조직의 최대 문제는 권력을 이용한 사익추구 부패행위 문제인데, 이를 해결하기 위해 독립적인 반부패 감독기구가 필요하다. 이 조직은 최고 통치자 직속으로 철저하게 독립적으로 운영되어야 한다.

④ 독립적 회계 심의기구

공무원 조직의 또 하나의 문제는 권력남용, 특히 재정권의 남용 문제인데, 이를 감독할 기구로서 의회 대표는 각종 이익집단의 이해관계에 얽매이게 되고 재정문제에 대한 전문성이 부족하기 때문에 한계가 있다. 따라서 의회보다 더 중립적이고 전문적이며 독립적인 회계 전문가들로 구성된 감독기구가 필요하다.

⑤ 전국인대, 성 지방인대를 핵심으로 하는 광범위한 사회자문 체계

각 분야에서 퇴직 공무원, 전문가, 기업대표, 지역주민 등으로 구성된 '사회 자문기구'를 조직한다. 이 기구는 공무원이 제기한 각종 입법 안건에 대한 비준 혹은 부결권을 갖으며, 또한 공무원에 대한 행정건의, 행정조사 및 청문회 등을 실시한다. 사실상 의회 기능을 대체하는 기구라 할 수 있다.

⑥ 언론, 출판, 집회, 결사의 자유 보장

4대 자유 보장을 통해 문관체계를 감독하고, 대중의 의견을 전달할 수 있는 통로를 제공한다.

판웨이는 이와 같은 자문형법치 체제를 정착시키기 위한 3단계 정치개혁 방안을 제시한다. 1단계는 처음 5년간 '당정분리' 원칙과 엄밀한 공무원 제도를 수립하고 중국 공산당의 '법에 의한 통치(依法治國, rule by law)'를 실현하는 것이다. 2단계 5년은 비공무원 신분의 정무직을 대폭 감축하고, 동시에 독립적인 사법체계, 반부패 기구, 회계 감독기구, 사회자문 체계를 확립하여 초보적인 '법치(rule of law)' 체계를 수립한다. 마지막 3단계는 10년간 언론, 출판, 집회, 결사의 자유를 보장하고, 자문형 법치 체제의 핵심 의제(6개 지주)의 전면적 실현을 완성한다는 방안이다.

판웨이는 현대 민주주의 제도의 근간이라 할 수 있는 경쟁선거 제도와 의회민주주의 제도의 긍정적 기여를 부정한다. 이들 제도가 제대로 작동되기 위해서는 법치전통, 다수결에 대한 사회적 합의와 같은 전제조건이 있어야 하는데, 중국은 서구와 달리 그런 전제조건을 갖추지 못했다는 것이다. 중국에 더 필요한 것은 가장 중립적이고 공정한 통치원리로서 '법치'의 확립이라고 강조한다. 또한 공정한 법치와 함께 권력운용에서의 감독과 견제기능을 수행할 대표기구로서 의회를 대체하는 자문기구 설립을 주장한다.

이와 같은 판웨이의 주장은 사실상 중국 정치체제의 민주화를 부정하는 것이며, 통치의 안정성과 효율성에 초점을 둔 것이라 할 수 있다. 다시 말해 현 중국공산당 주도 권위주의 체제의 통치 효율성과 정당성을 제고시키는 논리에 다름 아니다. 실제로 현재 중국이 추진하는 정치체제 개혁의 핵심 의제 중의 하나인 '법치' 확립도 그의 주장과 맥락을 같이한다. 차이가 있다면 법치만의 강조가 자칫 여론의 수렴이나 견제와 균형의 원리와 같은 민주주의 원리가 배제되는 것으로 인식되는 것을 피하기 위해, 기존 의회제도(人大)를 대신하는 광범위한 자문기구 설립을 추가한다는 점이다.

그의 주장처럼 공정한 법치를 확립하고 부패 문제를 해결하는 것이 중국 정치의 중요한 과제임에 틀림없다. 또한 적어도 단기적으로 볼 때, 중국이 서구식 자유민주주의 제도를 수용할만한 사회적 조건이 부족하다는 주장도 설득력이 충분해 보인다. 문제는 장기적으로 이러한 제도가 국민의 정치참여 요구를 수용하고 중국정치 제도의 발전을 담보할 수 있는가의 문제다. 자유민주주의 보편성을 주장하는 대표적 학자인 다이아몬드(Diamond) 교수도 현재의 중국적 현실에서 법치를 중시하는 판웨이의 주장에 수긍한다. 하지만 법치국가는 어디까지나 권위주의 체제 해체과정에서의 과도기적 아젠다에 불과하며, 결국 시민의 정치참여 확대와 경쟁선거 도입과 같은 민주주의의 또 다른 아젠다를 수용할 수밖에 없을 것으로 전망한다.[4] 즉 판웨이의 주장은 미래 중국 정치체제 개혁에서 하나의 중요한 요인임에는 틀림없지만, 그것만으로는 한계가 분명하기 때문에 결국 민주화라는 더 넓은 범주의 아젠다로 수렴될 것이라고 비판한다.

마지막으로 판웨이의 구상은 현재 중국에서 진행되는 여러 가지 정치개혁 실험보다도 보수적이다. 당 지도부의 경쟁선거 제도를 모색하는 '당내민주 확대론'이나, 현(縣; 한국의 郡에 해당)급 이하 행정수장에 대한 직접·경쟁선거 실험, 입법기관인 인민대표대회의 기능 강화와 같은 개혁조치마저도 수용하기 어려운 주장이라 할 수 있다. 이는 판웨이가 민주주의의 의미를 지나치게 좁게 해석하여 법치국가와 민주국가를 대립적인 두 개의 정치체제로 간주하려 하기 때문이다. 민주주의의 의미를 좀 더 확장시켜 법치를 민주주의를 구성하는 다양한 요소 중의 하나로 이해한다면, 판웨이 제안의 한계가 극복 될 것이다.

::5부
중국 자유주의자들,
민주의 지평을 넓히다

중국은 서구 민주주의가 높아운 잘점을 가지고 있고 일정한 위업을 달성했음에도 불구하고 민주주의를 탈(脫)신화화할 필요가 있다고 인식한
다. 즉 좋은 의미체제를 지닌 모든 것을 민주주의라는 바구니에 넣는 다면 민주주의는 실질적인 정체(polity)나 지배수단이 아니라 하나의 이
데올로기에 불과하다는 것이다. 이런 점에서 중국학계는 데모크라시(Democracy)를 새롭게 해석한다. 이들 의 눈에는 데모크라시의 최초 중
국어 번역은 '민주'였지만, 그것은 '인민이 주인'이라기보다는 '인민의 주인(民之主)'을 선출한다는 '선주(選主)'의 의미 가 강했다는 것이다.
그리고 역사적으로도 '민주'는 애초의 '나쁜 것'에서 '좋은 것'으로 변화했고 심지어 당시 정치엘리트들은 민주주의를 두려워했 으나, 민중의
요구를 억진시킬 수 없었기 때문에 수동적으로 수용한 것으로 보았다. 뿐만 아니라 대의제도도 '분권적 견제와 균형'을 표방
했으나 자유경 쟁 선거에서 다수의 감정기회가 사실상 제한되었고, 보통선거도 귀족적 성격 을 지니고 있다는 한계를 지적했
다. 요컨대 '자유, 헌정, 대의, 선거, 다원' 등의 서구적 민주주의의 개념은 광의의 민주를 구속하는 '새장(鳥籠)속 민주 주의'로
간주했다. 반면 중국은 혁명을 통해 사회주의 국가의 정당성을 획득했고, 마르크스 국가론의 관점에서 '민주가 곧 전정(專政)'
이라는 논리 속에서 일당체제를 유지해왔다. 이것은 '분권적' 견제와 균형과는 대비되는 '분업적' 견제와 균 형을 의미하는 것
이다. 중국식 민주의 또 하나의 중요한 특징은 가치 또는 이념체계로서의 민주와 도구적 성격의 '민주'를 구분하고 있는데 그 핵
심은 '누가 지배하는가' 보다는 '어떻게 지배하는가'를 주목하는 것으로 도구적 특징이 강했다.

류쥔닝(劉軍寧)의 '자유주의론'

　중국 자유주의자들은 기본적으로 중국의 정치개혁이 경쟁, 참여, 시민의 정치적 자유를 보장하는 것과 같은 보편적인 의미의 민주주의를 구현해야 한다고 주장한다. 이런 측면에서 그들의 정치개혁 구상은 '중국 특색'을 강조하는 사회주의 민주개혁 또는 '제3의 길' 보다 명확하고, 과도기적 권위주의 체제의 이행을 강조하는 주장들과도 구분된다.

　대표적인 중국의 자유주의 정치학자로 알려진 류쥔닝[1]은 공화주의, 헌정 그리고 시장경제의 중요성을 강조한다. 그는 민주의 핵심적 특징이 평등주의적 '다수결 원칙'을 토대로 하며, 이 원칙에 따라 다수가 절대의 권력을 보유하고 모든 것을 결정하게 되면 민주는 존재하나 자유는 없게 된다고 본다. 자유가 없는 민주는 新전제주의를 잉태하고, 그 형식은 중앙집권적이고 전능적이며, 또한 시민을 전체가 직접 참여하는 다수 전제의 정치권력 수단으로 삼을 가능성이 크다고 본다.[2]

한편 자유주의 토대위에 건립된 현대 공화제는 헌정을 기초로 한 대의제 정치체제이다. 공화제는 모든 사람들과 그들의 자유에 대해 동등한 보호를 하며, 다수와 소수간의 균형과 조화를 강조한다. 소수가 다수에 복종해야 한다는 것을 인정함과 동시에, 다수의 권력에 대해 제한을 가한다. 무엇보다도 공화체제에서는 민의에 따라 다수가 마음대로 규칙(rule)을 바꿀 수 없다. 따라서 민주의 선거와 공화의 정신이 일치될 때 선거의 결과는 존중되어야 한다. 현대 대의제 정치체제의 정수는 민주체제가 아니라 공화제에 있다는 것이다.[3]

또한 경제발전과 민주화는 밀접한 상관관계가 있기 때문에 시장경제, 특히 개인의 재산권 보호를 통해 경제발전을 이루고, 법률적 보장을 통해 정부의 권력을 견제하고 제한하는 단계를 거쳐 민주정치를 구현해야 한다고 주장한다. 정부권력에 대한 제약과 관련하여 그는 시장경제와 헌정체제 확립의 중요성을 강조한다. 경제적 측면에서 발전되고 안정적이며 질서 있는 시장경제의 존재 자체가 바로 정부권력의 확장에 대한 가장 유효한 제약이라는 것이다. 그 이유는 정부의 공간과 시장의 공간은 기본적으로 영합(Zero-Sum)적이기 때문이다. 법률적 측면에서는 모든 개인의 재산권, 경제자유 및 여기에서 파생된 정치권력과 경제권력을 헌법과 법률이 인정하고 보장해야 하며, 이는 정부권력의 무한확장을 저지하는 효과적인 장치이다. 정부의 권력이 헌법과 법률의 엄격한 제한을 받는 헌정체제가 바로 류쥔닝이 말하는 '유한정부'(有限政府)이다.[4]

이러한 이론적 틀을 토대로 류쥔닝은 현재 중국에서 시행되고 있는 당내민주나 기층민주 우선론 등의 중국특색의 민주주의 실험을 비판한다. 우선 당내민주는 단지 한 정당의 체제이지 한 국가의 정치체제 유형이 될 수 없다는 지적[5]과 함께 당내에 서로 다른 파벌이 존재하고 경쟁하는 것을 인정하는 양(다)파제를 실현하고, 동시에 주요 당직을 선거방식에 의해 선출하는 제도의 도입 등을 주요 골자로 하는 당내민주 실험에 대해 세계적으로 어느 국가도 비민주화된 사회에서 집정당의 민주화를 실현한 나라는 없다고 비판한다.

또한 아래에서 위로 진행되는 촌민자치선거와 현·향진급 인민대표 선거를 핵심 내용으로 하는 기층민주 우선론에 대해서도 비판적이다. 기층민주 우선론이 강조되는 주된 이유는 중국에서 민주정치의 토대를 마련하기 위해 8억 농민을 민주제도 안으로 포함시켜야 한다는 필요성이 대두되고 또한 농촌은 민주 추진을 방해하는 기득권 이익이 비교적 적다는 데에 있다. 이런 접근은 이론적으로 농민들을 중국 민주화의 '부담'으로 인식하는데서 기인한다. 현실적으로도 자유, 공평 그리고 경쟁 선거를 통해 선출된 촌민위원회는 반드시 동급 당 조직의 영도와 향급 정부의 지도를 받아야 한다는 촌민자치법 규정을 따라야 하기에, 촌민위원회가 촌 당지부의 부속 기관으로 전락하고 향정부의 간섭을 받지 않는 자치권을 향유하기는 상당히 어렵다는 것이다.[6]

따라서 류쥔닝은 유교적 전통에서 출발하여 시장경제를 통해 유한정부를 건립하는 것을 중국 정치개혁의 중요한 목표로 설정한다. 그의 주장을 요약하면 다음과 같다. 제2차 세계대전 이후 동아시아 유교사회는 주요하게 두 종류로 분류할 수 있다. 하나는 중국·베트남·북한과 같은 유교사회주의 사회이고, 다른 하나는 일본과 아시아 '4마리 용'이라고 불리는 한국·대만·홍콩·싱가포르와 같은 유교자본주의 사회이다. 유교자본주의 사회는 문화전통의 측면에서 볼 때 중국 유교와 영미 자유주의라는 동·서 두 개의 주류 문화가 교차하며 영향을 미쳤다. 일반적으로 말하는 '동아시아 모델'은 사회형태상 유교자본주의를 주요한 특징으로 하는 동아시아 사회를 지칭하고, 이런 자본주의는 자유주의를 이데올로기로 삼는 자본주의이다. 따라서 유교자유주의 사회라 부르기도 한다.

20세기 중국의 지식인이 주도한 정치개혁에는 하나의 공통적인 목표가 있었다. 그들은 모두 중국에 급진적이고 진일보한 민주를 실행하고자 하였다. 민주정치에 대한 강조가 시장경제에 대한 호소보다 높았다. 이러한 그들의 요구가 잘못됐다고 할 수는 없다. 그러나 관건은 시장경제가 하나의 매개물로써 경제적인 물질적 기초를 제공하지 못한다면 중국에서 민주정치를 실행하는 것은 불가능하다는 것이다. 따라서 농업 전제사회에서 현대 민주사회로의 비약적인 발전을 설정하고 있는 '양점일선'(兩點一線)의 현대화 전략을 유가전통(고유 전통의 출발점) – 시장경제(매개물과 기본목표) – 민주정치(현대화의 다른 목표)의 '삼점일선'(三點一線) 내지 '삼자결합' 전략으로 전환해야 한다는 것이다.

유가전통이 모종의 매개물을 통해 민주체제와 연결되었던 것을 동아시아 경험은 보여주고 있다. 이 매개물은 자유주의 경제학설을 기초로 건립된 혹은 계승한 시장경제(자유경제)이다. 일본에서는 유교 혹은 현지 문화전통과 시장경제에 민주정치를 더한 삼자가 완전히 연결되었고, 비교적 성공적으로 운영되었다. 싱가포르, 타이완 그리고 한국에서도 유교전통과 시장질서는 이미 결합되었고, 시장경제와 민주정치가 맞물려 진행되고 있는 상황이다.

유교전통문화가 경제발전과 민주정치에 얼마나 불리한 요인으로 작용하는지는 많은 증거를 통해 증명할 수 있다. 그러나 동아시아가 새로운 자유주의 정치경제체제를 확립한 이후, 유교전통은 오히려 삼자결합의 순차적 진행이라는 현대화 경로 과정에서 놀랍게도 현대화의 거대한 추동역량으로 변화되었다. 동아시아 모델의 삼자결합 전략은 결코 이상적이거나 완벽한 전략이 아니다. 그러나 비용을 최소화하는 전략이며, 가장 확실한 방법이다. 류쥔닝은 만약 삼자결합 전략을 취하지 않는다면, 중국의 현대화는 훨씬 더 큰 불확실성에 직면할 것이라고 주장한다.[7]

그렇다면 류쥔닝이 강조하는 정치현대화의 출발점인 유교전통이란 구체적으로 무엇을 의미하는가? 그에 의하면 산업화의 성공여부는 정부가 어떠한 체제를 운용하는가에 달려 있다. 자유주의와 산업화는 모두 근대 영국에서 기원했다. 그러나 영국 정부는 어떠한 현대화 또는 산업화 전략을 시행한 적이 없다. 영국 산업화의 실현은 오로지 자유시장경제가 자연적으로 운영된 산물이었다. 조선과 베트남, 개혁 전의 중국 대륙과 같은 일부 유교문화권의 국가들 그리고 혁신 전의 소련 및 동유럽과 같은 20세기 많은 국가들은 일찍이 시장경제를 우회하는 새로운 산업화 전략을 시도하였으나, 시장을 포기한 산업화 전략은 결코 성공하지 못했다. 따라서 산업화 실패의 책임이 완전히 유교사상에 있지는 않다.

싱가포르의 경우는 또 다른 의미를 제공한다. 시장경제와 정부의 적극적 역할을 토대로 싱가포르는 성공적인 산업화와 현대화의 길로 나아갔다. 일본과 다른 아시아 3개 국가의 상황도 이와 매우 유사하다. 이러한 발전의 길에서 유교의 근로윤리가 뜻밖에도 긍정적인 역할을 발휘했다. 이는 유교 윤리가 특정한 경제체제에서는 산업화 실현에 공헌할 수 있다는 것을 보여 준다.

따라서 경험적 측면에서 유교전통이 언제나 민주정치와 상호 배치되는 것은 아니다. 문제는 유교의 어떤 측면이 민주에 유리한가, 그리고 어떠한 환경 하에서 이러한 요인들이 유교전통 속에 있는 비민주요인을 대체할 수 있는가이다. 분명한 것은 유교문화의 영향을 받아 형성된 정부관리방식, 즉 거버넌스(governance)는 동아시아 산업화를 실현했던 핵심 요소 중의 하나였 다는 점이다. 다시 말해 동아시아에서 유교전통은 자유주의와의 결합을 통해 비로소 현대화를 촉진하는 요인으로 변화된다. 유교와 자유주의는 비록 다르 지만, 서로 통한다. 유교가 추구하는 것은 도덕수양을 통해 개인의 행위를 제약하는 것이다. 그리고 자유주의는 법률로써 정부의 권력을 제약하여 힘의 균형을 이루는데 주력한다. 양자의 목적은 모두 개인과 정부 행위의 임의성 을 극복하는데 있다.[8]

또한 공자의 사상 중에는 자유와 전제(專制)로 상징되는 '동반자'(伙伴) 관 계와 '군신'(君臣)관계라는 두 종류의 인간관계가 존재한다. 동반자 관계에서

모든 사람들은 자유롭고 평등하며 통치 – 복종의 관계가 존재하지 않을 뿐
아니라 그 누구도 다른 사람을 강제할 권한이 없으며 공공권력은 사회구성원
의 자발적 동의에 의해 산출된다. 군신관계 구조 속에서는 인간관계가 불평
등하고 통치와 피통치 그리고 강제와 복종의 권력관계가 형성된다. 류쥔닝은
공자의 사상 속에서 이와 같은 자유와 전제적 요소를 쉽게 발견할 수 있다고
본다. 정치사상의 측면에서 볼 때, 자유를 대표하는 것으로 공자의 "기소불욕
물시어인(己所不欲 勿施于人, 자기가 하기 싫은 일을 남에게도 하게 해서는 안된
다)", "사해지내 개형제야(四海之內 皆兄弟也, 세계가 모두 형제다)"를 들 수 있
다. 이는 자유주의의 가장 근본적인 원칙을 설명하는 것으로 이러한 원칙에
의해 형성된 사회정치질서는 동반자 관계의 사회질서이다. 공자 사상 중에서
가장 유해한 것은 바로 "군군신신 부부자자(君君臣臣 父父子子, 임금은 임금답
고, 신하는 신하답고, 아버지는 아버지답고, 자식은 자식다워야 한다)"라는 것이
다. 중국의 불행은 자유사상의 선지자로서의 공자는 소홀히 다루고, 전제사
상의 스승으로서의 공자의 이미지는 강화하고 확대시켰다는 데에 있다. 따라
서 류쥔닝은 선지자로서의 공자를 받아들이고 전제사상의 스승으로서의 공
자는 거부해야 한다고 주장한다.[9]

일관되게 공정·인성·법치·민주 등의 문제들을 연구하고 헌정을 주창
하면서 젊은 세대 자유주의 정치학자를 이끄는 대표적 인물이라는 평가를
받고 있는 류쥔닝의 중국 정치개혁 방안은 다음 몇 가지 측면에서 평가할
수 있다.

첫째, 류쥔닝은 자유주의 정치학자로서 중국의 정치체제개혁을 근대화론
적 입장에서 접근한다. 그는 시장경제의 발전과 민주정치와의 인과관계를
주장하고 있다. 정치발전을 위해서는 시장경제의 확립이 필요하고, 시장경
제를 통해 정부의 권력을 제약해야 하는데, 이것이 중국 민주주의 실현의
필요조건이라는 것이다. 그러나 시장경제에 대해 상당히 낙관적이고 시장경
제를 매개로 한 민주정치의 실현을 목표로 상정한 나머지, 사회경제적 불평

등의 심화와 같은 자본주의 시장경제가 야기한 문제들에 대해서는 그다지 주목하고 있지 않으며 이러한 시장경제의 부작용들이 어떻게 민주정치의 발전에 영향을 미치는지에 대해서도 소홀히 다루고 있다.

둘째, '중국적' 민주정치 발전단계론에 토대를 둔 온건한 체제 내 개혁을 주장한다. 동아시아 발전국가의 사례를 통해 중국 고유전통인 유교윤리가 특정한 경제체제에서 산업화와 민주정치발전에 공헌할 수 있다는 것을 강조한다는 측면에서 '중국적'이라 할 수 있다. 아울러 그의 '삼점일선'론에 의하면 중국의 유교전통은 매개물인 시장경제와의 결합을 통해 민주정치를 촉진시키는 요인으로 변화된다. 이런 측면에서 그는 유교사회에서 민주사회로의 급진적 도약이 아닌 시장경제 발전을 통한 단계적이며 온건한 개혁을 주장하고 있다.

한 가지 지적하고자 하는 점은 류쥔닝이 언급하는 '유교전통'이 구체적으로 무엇을 의미하는지는 여전히 논쟁적이며, 모호한 측면이 많다는 것이다. "유교문화의 영향을 받아 형성된 정부관리방식은 동아시아 산업화를 구성하는 핵심요소 중의 하나이다"와 "시장경제와 정부의 적극적 역할을 토대로 싱가포르는 성공적인 산업화와 현대화의 길로 나아갔다"와 같은 주장으로 볼 때 유교전통과 권위주의 정치체제의 연결을 강조하는 것으로 이해될 수도 있다. 다른 한편 유교의 자유롭고 평등한 관계를 강조하는 부분에서는 공자의 자유사상과 시장경제와의 자연스러운 결합이 언급되기도 한다. 요컨대 유교전통과 시장경제와의 연결에 대한 구체성의 결여나, 자유와 전제가 동시에 공존하는 공자 사상의 한 측면만을 강조하는 자의성 내지 편협성은 그의 주장의 모호성과 논쟁을 확대시키는 요인이 되고 있다.

마지막으로, 그는 권력 핵심인 공산당 개혁에 대해서는 거의 언급하지 않고 있다. 현실적으로 레닌주의 당－국가체제를 유지하고 있는 중국의 정치체제는 유한정부 보다는 '유한공산당(有限共産黨)'이 보다 본질적인 문제임에도 불구하고, 공산당 일당체제라는 권력구조의 변화 내지 비판에 대한 구체적인 논의를 찾아보기 어렵다. 이런 측면에서 그는 중국 정치현실을 외면한다거나 또는 자유주의자로서의 시각의 한계를 보이고 있다는 지적이 가능하며, 아울러 급진적이거나 과격하지 않은 체제 내의 온건파 학자로 분류하는데 큰 무리가 없다.

차오쓰위안(曹思源)의 '민주사회주의론'

　중국 파산법의 초안자로 알려진 차오쓰위안[1]은 중국경제의 사유화를 주장하는 대표적인 자유주의 경제학자이다. '조파산'(曹破産)이란 별명처럼 그는 소유제 문제에 대한 사회주의 성격을 변경시키기 위해 국유경제의 개혁방안으로 파산·경매·합병 등의 방법을 통한 국유자산의 매각과 주식제로의 전환이라는 두 가지 방법을 제시하고 있다. 경제개혁에 대한 그의 이와 같은 주장은 헌법 수정과 공산당 당명 개정으로 연결된다. 그는 헌법 중의 서언부분을 삭제하고, 헌법 제12조의 '사회주의 공공재산의 신성불가침'을 '사회 공공재산과 공민 사유재산의 신성불가침'으로 수정해야 한다고 주장했다. 또한 중국공산당의 당명을 '중국사회당'으로 개명하자고 제안하는데, 이것이 실현되면 공산당은 더 이상 공산(共産)이 목표가 아니기에 자본주의에 대한 적대감이나 공격이 없을 것이라고 본다.[2]

　정치평론가이기도 한 차오쓰위안은 자유주의 관점에서 중국의 정치개혁을 주장하는 많은 글을 발표하고 강연활동을 전개하면서 논쟁과 논의를 촉발시키고 있다. 그는 개혁개방의 성과에도 불구하고 지속가능한 경제발전에 대한 회의, 국유기업의 저효율, 부정부패, 사회모순의 증대 그리고 인민의 정치참여 요구가 갈수록 강렬해지는 상황 속에서 정치체제개혁이 문제 해결의 열쇠라고 본다. 그리고 중국이 참고해야 할 모델로 '민주사회주의'와 '헌정체제'로 요약되는 '스웨덴 경험'을 제시한다.

차오쓰위안은『세계헌법전서(世界憲法全書)』를 근거로 세계 110개 국가의 헌법과 중국 헌법을 비교하면서 중국 헌정체제를 다음과 같이 비판한다. 우선 중국 헌법은 "중화인민공화국은 노동계급이 영도하고, 노·농연맹을 토대로 한 인민민주전정의 사회주의 국가"라고 규정된 독재(專政) 헌법이며, 세계적으로 중국과 북한만이 헌법에 '무산계급독재'를 명시하고 있다. 둘째, 중국 헌법 제2조에 의하면, "중화인민공화국의 모든 권력은 인민에 속한다"고 규정되어 있으나 인민이 어떻게 권력을 행사하는지에 대해서는 언급이 없다. 아울러 중국인은 여론권을 직접적으로 행사할 수 없기에 정부 관료와 정부 행위에 대해 비판 할 수 없고, 직접 투표권을 행사할 수 없기에 고위 관료를 선출하기 위한 국민투표를 진행할 수 없다. 셋째, 현행 중국 헌법은 '삼권분리'를 언급하지 않고 단지 '일부양원(一府兩院: 인민정부, 인민법원, 인민검찰원)'과 유일한 권력기관(인민대표대회)에 책임을 진다고만 규정하고 있다. 넷째, 세계 각국 헌법은 갈수록 국민의 알권리를 보호하고 중시하고 있다. 그러나 중국의 헌법은 "전국인민대표대회 대표는 국가의 비밀을 보호해야한다"라고 규정하고 있고, 그들이 국민들에게 정보를 공개해야 할 의무에 대해서는 전혀 언급하지 않고 있다. 그 밖에도 헌법 감독, 정부 규범, 인권, 국가기구(국가 입법기관, 국가 원수, 행정 수뇌, 군대 통수권, 사법기관에 대한 명확한 규정의 결여) 등의 영역에 대해서도 비판을 하고 있다.[3]

그는 헌정의 성공사례와 실패사례로 각각 스웨덴의 '헌정체제 하에서의 민주사회주의'와 구소련의 '전제체제 하에서의 집권사회주의'를 들고 있다.

이 두 가지 사회주의 간의 경쟁에서 스웨덴이 승리를 거두면서 세계에 큰 영향을 끼쳤다고 주장한다.

가난한 유럽의 변방 국가였던 스웨덴은 세계공황의 여파로 1929~1932년 공업생산이 21% 하락하였고, 1932년에는 경제 위기가 정점에 달했다. 그럼에도 그 당시 집권당인 사회민주당은 재정경제개혁을 단행하여 실업지원·양로금·의료보험 등의 사회보험과 복지정책을 추진하였고, 노사 쌍방의 협의를 통해 노사분쟁 법정을 설립하여 노사 간의 갈등을 조정하면서 경제를 회복시킴과 동시에 복지를 증진시켰다. 또한 이러한 정책을 통해 계급투쟁이 아닌 계급연합을 이루었는데 이런 것들이 바로 민주사회주의의 가장 큰 특징이라는 것이다. 많은 사람들은 '사회주의＝공유제＋노동분배＋계획경제'라는 공식을 통해 스웨덴 경험을 검증하려 하는데 지구상의 사회주의는 다양한 모델이 존재한다. 스웨덴은 민주사회주의의 주요 구성성분이기도 한 "사유, 시장, 평등, 복지"의 결합이라는 스스로의 공식을 창조해 냈다고 할 수 있다. 이러한 스웨덴의 민주사회주의는 헌정체제에 의해 뒷받침되고 있다. 스웨덴은 불문헌법 국가로 헌정제도는 주요하게 『정부조직법』과 『출판자유법』이라는 헌법성 문건을 통해 실현된다. 『정부조직법』은 8개 항의 기본원칙으로 구성되어 있는데 그 내용을 총체적으로 정리하면 '삼권분리'라 할 수 있다. 또한 국민들의 자유와 권리에 대해서도 전면적으로 허용하고 있다. 언론·국민의 알권리·집회·여행과 시위·결사·종교·이민 등의 자유가 법으로 보장되어 있다. 아울러 의회와 내각 등의 권한을 규정하고 다당제를 주요한 정당제도로 삼고 있다.[4]

이처럼 차오쓰위안은 스웨덴의 민주사회주의와 헌정체제를 강조하지만 다른 한편으로 현실적 측면을 고려하여 중국 정치개혁에 대한 본질적 문제와 정치개혁을 추진하기 위한 실천적 단계를 구분하여 제시한다. 그에 의하면 중국의 정치체제개혁의 핵심이자 본질적 문제는 바로 공산당 전국대표대회(당대회) 기능의 실질화와 당내 삼권분리로 대표되는 공산당 개혁에 있다.

상호 견제와 제약을 받지 않는 권력은 위험하다고 생각하는 차오쓰위안은 당내 삼권인 정책결정권·집행권·감독권(기율검사권)의 명확한 분리와 권력 간의 상호견제를 강조하며, 이를 위해 당내 기관 간의 상호 겸직을 금지해야한다고 주장한다. 당 규약에 의하면 당의 정책결정권이 당의 각급 대표대회에 있기에 당대회는 당의 최고 권력기관이라고 규정되어 있다. 그러나 현실적으로 당대회는 5년에 1번 소집되어 며칠의 회기를 통해 안건을 처리하는 상황이기에 정책결정 기능을 제대로 수행하지 못한다. 또한 당위원회는 본래 각급 당 대회의 집행기구이나 당 대회가 유명무실하기에 당위원회, 특히 당위원회의 몇몇 권력자들이 실질적으로 정책을 결정하고 집행하면서 권력을 독점하고 있으며 아무런 제약을 받고 있지 않다. 기율검사권은 본래 동급 당위원회의 집행권과 분리되어 존재했다. 당 규약 규정에 의하면 당 대회 선거로 선출된 당위원회와 기율검사위원회는 서로 귀속되지 않는 독립된 기관이었다. 그러나 당 규약 개정을 통해 기율검사위원회가 동급 당위원회의 지도를 받는다고 규정되면서 동급 당위원회에 대한 기율검사를 실시하기 어렵게 되었다. 이는 기율검사권이 당의 집행기관 아래 놓인 것으로 실질적인 당위원회 권력의 일부분이 된 것이다.[5]

당 대회 기능의 실질화와 당내 삼권분리와 함께 그는 다음과 같은 공산당의 제도개혁을 주장한다. 우선적으로 가장 광범위한 인민의 근본이익을 충실히 대표한다는 공산당의 전민성(全民性)을 강조한다. 두 번째로 당내의 합법적 경쟁을 허용해서 당의 최고 지도자는 전체 당원이 차액 경선 후보자 중에서 투표를 통해 직접 선출해야 한다. 아울러 당과 당 간의 경쟁을 허용할 것을 주장한다. 따라서 참정당으로 존재하는 중국의 8개 민주당파의 독립성을 강화시켜 공산당과의 경쟁을 허용할 필요가 있다. 마지막으로 당무에 필요한 경비 수입원의 다원화를 통한 당 운영을 제시한다.[6]

그러나 실천적 측면에서 차오쓰위안은 정치개혁을 위해서는 점진적 개혁이 필요하다고 지적하며, 개혁을 점차적으로 확대하는 전략을 강조한다. 특히 인민대표내회세도의 개혁이 위험성이 낮고 효과가 큰 만큼 중국 정치개혁의 돌파구로 삼아야 한다고 주장한다. 그는 경제체제개혁의 목표가 시장경제체제의 확립이라면, 정치체제개혁의 목표는 바로 민의를 대표하고 분권을 통한 권력의 견제와 균형을 이루기 위한 '사회주의 의회민주제도'를 확립하는 것임을 강조한다. 사회주의 의회민주제도를 건립하기 위한 차오쓰위안의 주요한 개혁 조치들은 다음과 같다.

첫째, TV를 통한 실황 중계, 방청제도 그리고 『인대신문(人大報)』 창간을 통한 정보 제공 등을 포함하여 전국인민대표대회(전국인대)의 공개화를 추진해야 한다. 두 번째는 선거제도 개혁으로 직선제와 경선제를 실시하는 것이다. 전국인대 대표를 직선을 통해 선출하고, 경선의 방식을 채택하여 선거를 진행해야 한다. 경선은 차액선거 이외에 합법적인 경선 경비의 획득, 경선 광고 게재, 각종 선전수단을 사용해서 유권자에게 후보자를 알리는 활동 등을 허용하는 것을 포함한다. 셋째, 인민대표의 인원 정예화·전문화·전임화의 중요성을 강조한다. 현재 인민대표는 모두 겸직이며 평소 전국인대 업무에 대한 연구가 부족하기에 정책에 대한 전문성이 결여되어 있다. 3,000여 명 정도의 전국인대 대표 정원도 300여 명 정도로 줄이고 전임 대표에게는 급여를 지급해야 한다. 이렇게 되면 더 이상 중첩된 기능의 인대 상무회의가 필요치 않다. 넷째, 전국인대가 재정권(예산권)을 장악해야 한다. 현재 중국의 재정권은 정부가 독점하고 있고 전국인대, 중국인민정치협상회의, 법원, 검찰원 등 국가기관은 오히려 정부 재정부문에 예산을 의존하고 있는 상황이다. 다섯째, 전국인대의 논의(의사일정)는 본회의 발언을 중심으로 이루어져야 한다. 『전국인민대표대회 의사규칙(全國人民代表大會議事規則)』 12조에 의하면, "주석단이 필요하다고 생각될 때 전체회의를 소집하여 발언을 진행하고 의안과 유관 발언을 진행"한다고 규정되어 있다. 이러한 규정은 주석단의 권력이 과도하다는 것을 드러내는 것이며 동시에 정상 절차에 속하는 대회 발언이 주석단 통제의 특수상황으로 변화되었음을 나타내는 것이기도 하다. 전국인대에서 인민대표는 주로 대회 발언과 표결을 통해 권력을 행사한다. 그러나 위와 같은 규정에 따르면, 주석단이 동의하지 않는 한 그 어떤 인대 대표도 대회 발언을 진행할 수 없다. 여섯째, 전국인대를 동계(冬季)에 개회하여 연도 계획 및 예산을 심의해야 한다. 전국인대의 중요한 직권 중의 하나는 매해년도 국가의 국민경제와 사회발전계획 및 예산에 대해 심의하는 것이다. 그러나 매년 3월말이나 4월 초에 개최될 경우 이미 계획 및 예산이 1/4이상 집행된 상태이다. 따라서 4/4분기인 10월 말이나 11월 초에 개최되는 것이 바람직하다는 입장을 내놓고 있다.[7]

차오쓰위안은 경제사회적으로 사유재산을 보호하고 시장조절과 소득재분배를 통해 평등사회를 실현하면서 사회복지를 제고시키는 한편, 정치적으로 헌정을 통한 삼권분리, 인민들의 자유와 권리 보장 그리고 다당제를 강조하고 있다. 정치적 자유와 경제적 민주까지 고려하는 이와 같은 '민주사회주의' 주장을 놓고 볼 때 차오쓰위안은 '자유주의 좌파'로 분류할 수 있다. 이는 같은 '민주사회주의'를 주장하고 있는 시에타오(謝韜)의 제안과 비교되는데, 시에타오는 의회주의와 헌정, 혼합사유제(공유제의 주체적 형식), 사회주의 시장제도, 복지보장제도를 강조하지만, 정치형태에서는 부르주아 정당의 집권을 반대하고, 삼권분리와 같은 부르주아 독재를 비판하며, 지도사상의 다원화를 반대한다. 따라서 그는 이데올로기 스펙트럼에서 '사회민주주의의 우파'로 볼 수 있다.[8] 또한 차오쓰위안은 공산당 개혁이 중국 정치체제 개혁의 핵심이라고 주장한다는 점에서 시장경제를 통한 유한정부를 강조하고, 공산당 개혁에 대해서는 소극적으로 언급하는 류쥔닝(劉軍寧)보다 좀 더 중국 체제현실의 본질에 접근하려 노력한다고도 평가할 수 있다.

그렇지만 다른 한편으로는 공산당 개혁 보다는 위험성이 낮고 효과가 큰 의회제도 개혁을 우선적으로 실현해야 한다는 단계적이고 점진적인 접근방법을 제시하고 있다. 아울러 공산당의 전민성을 강조한다거나, 다당 경쟁의 중요함을 역설하지만 공산당과 참정당인 8개 민주당파와의 경쟁만을 언급한다는 점에서 당내민주 실현의 연장선에서 당 개혁을 추진하는 체제 내의 민주사회주의를 상정하고 있는 듯한 인상을 준다. 이런 측면에서 차오쓰위안은 사유화와 같은 급진적인 자유주의 경제개혁을 주장하지만, 정치개혁에서는 자유주의 정치제도의 제안과 함께 현실론을 수용하는 보수주의적인 이중적 색채를 띠고 있다는 측면도 주목할 필요가 있다.

이처럼 단계적이고 점진적이며 이중적 측면의 정치개혁을 강조하는 것은 편차는 존재하지만 대부분의 중국 자유주의자들의 특징이기도 하다.[9] '서구식 민주'를 직접적으로 이식하거나 급진적으로 수용하기 어렵다고 인식한다면 중국의 문제를 해결할 수 있는 중국적 민주의 대안 모델을 제시할 필요가 있다. 정융녠(鄭永年)은 자유주의가 지속적으로 '중국화'를 거절했기 때문에 중국에서 생존하기 어렵다고 본다. 5·4운동 이후 중국에 유입된 많은 '주의(主義)' 중에서 단지 마르크스주의, 사회주의 그리고 민족주의만이 수용되었고 발전하였다. 이런 현상은 이러한 사상들이 시대적 수요에 부합되었기 때문일 뿐 아니라, 중국의 정치가가 이러한 사상을 중국화하려는 노력을 기울였기 때문이라고 본다. 그는 자유주의자들이 자유주의와 중국 전통을 연결시키려는 노력을 여태까지 한 번도 한 적이 없다고 비판한다. 중국화를 할 수 없기에 자유주의는 중국의 현실을 설명할 수가 없다는 것이다.[10] 이런 측면에서 류쥔닝과 차오쓰위안 등의 정치개혁구상은 '자유주의 중국화'를 위한 '초보적'이며 '실험적' 시도로 평가할 수 있다.

친후이(秦暉)의 '자치민주(自治民主)론'

친후이(秦暉)는 광시좡쭈(廣西壯族) 자치구 난닝시(南寧市)에서 1953년 12월 출생했다. 문혁이 발생했던 1966년 초등학교를 졸업한 후 1966-1968년 중학 재학시절 홍위병에 가담하여 활동했고, 1969년 공산당에 입당한 후 농촌으로 들어가 1978년까지 약 9년 동안 가난한 농민들과 함께 생활하며 농민들을 이해하게 되었다. 1978년 난저우 대학(蘭州大學) 역사학과 대학원에 입학하여 1981년 석사학위를 취득했고, 1982년부터 1994년까지 샨시사범대학(陝西師範大學) 교수를 역임했다. 연구영역은 1980년대 초부터 농민사(토지제도사와 농민전쟁사)를 연구했으며, 1980년대 후반 경제사로 연구영역이 변화되어 주로 고대 상품경제사 및 중외 비교경제사를 연구했다. 1990년대 역사연구와 현실연구를 결합하고 사회조사와 역사문헌 분석을 접목시켜 농민학을 탄생시키기도 했다. 그는 향촌조사를 기초로 '농민학 총서' 6권을 출판하기도 했다. 농민학 총서는 역사와 현실 속에서의 농업, 토지, 농민문제

에 중점을 두고 연구를 진행한 결과물이다. 1990년대 중반부터 칭화대학(淸華大學) 역사학과 교수가 되었고, 현재 칭화대학 역사학과 교수 겸 박사지도 교수이며,『방법』,『개방시대』,『중국학술』,『중국사회과학계간』등 학술계 간지의 편집위원을 맡고 있다.

1992년 이후 중국에서는 시장의 자유화를 지향하는 경제적 자유주의 담론이 주목을 받았다. 친후이는 원래 전공은 농민사이지만 다른 필명으로 현실 문제와 관련된 글을 발표하면서 중국에서 자유주의 담론을 형성한 주요 인물로 알려졌다. 그는 자유주의와 사회민주주의 입장을 동시에 주장하는 특징을 보인다. 친후이의 민주에서 핵심은 '공민자치(公民自治)'이고, 농촌에서 공민 자치를 구현하는 방법은 '농민조합(農會) 결성의 자유'이다. 농민 자치와 민주의 관계에 관한 친후이의 생각은 다음과 같다. 공민사회의 민간조직은 민주정부의 기초이며, 민주정부가 생기면 공민조직도 필요하다. 마찬가지 논리로 촌민위원회가 생기면 농민조합(農會)이 필요하다. 현재 중국에서 농민조합을 만들려는 사람들은 촌급 선거에 문제가 있다고 여기므로 농민조합이 농민의 민주권리를 구현하는데 필요하다고 본다. 농민조합 조직과 관련하여 다음과 같은 질문을 제기해 볼 수 있다. 촌민위원회(村委)가 바로 촌민자치 조직인데 왜 또 다른 농민조직으로 농민조합이 필요한가? 만일 촌 조직이 정말 농민 선거에 의해 구성된다면 농민조합은 필요하지 않은가? 어떤 정부가 민선정부라면, 노동조합·상회·민간조직들이 없어질 수 있는가? 민주정부가 생기면 공민사회가 필요한가 불필요한가? 민주정부는 민선에 의한 것이고 이미 인민을 대표한다. 그렇다면 공민조직은 모두 필요하지 않은가? 친후이는 진정한 헌정체제에서만 지방자치 혹은 사구(社區)자치를 실행할 수 있고, 기층정부도 자치조직일 수 있다고 본다.

그는 계속 다음과 같이 주장한다.[1] 공민사회는 민주정부의 기초이다. 민주정부는 공권력을 구현하는 것이고, 공민사회는 공민권리 특히 결사의 권리를 구현하는 것이다. 이런 권리가 없다면 국민은 자기이익을 추구할 방법이 없다. 권력 앞에서 개인은 원자화되고, 원자화된 개인은 권력을 견제할 수 없다. '무자유적 거짓 민주'가 나타날 수 있고 이것은 '다수의 횡포'로 변할 수도 있다. 최근 많은 사람들이 '다수의 횡포'와 '직접 민주'를 연결시키는데, 이것은 틀린 것이다. 스위스는 직접민주를 시행하지만 '다수의 횡포'는 없다. 나치 시기 독일인의 대학살을 흔히 '다수의 횡포' 예로 들지만, 나치 정부는 의회제 하에서 만들어진 것이지 '직접 민주' 정부가 아니었다.

그렇다면 진정한 민주가 실현되기 위해서는 '공민자치(公民自治)'가 왜 가장 중요한가? 친후이에 의하면, 농민조합(農會)은 정권조직이 아니기 때문에 농민조합 문제는 민주문제가 아니고, '결사의 자유' 문제이다. 만일 10%의 농민만이 농민조합 건립을 원한다고 가정하면, 그들이 소수라는 이유로 금지할 수는 없을 것이다. 역으로 만일 90%의 농민이 농민조합에 가입하더라도 농민조합은 다수 결정이라는 이유로 소수에게 권력을 행사할 수 없다. "모든 권력이 농민조합으로 귀속되는" 혁명 농민조합은 지금 중국 농민이 바라는 것이 아니다. 농민조합은 '민주정권'이 아니고, 단지 구성원이 공동의 이익을 보호하기 위해 자발적으로 결성한 '자치조직'이다. 정부는 공권력을 행사하는 조직이다. 농민이 자유롭게 농민조합을 조직한다면, 지방 간부가 설령 비민주적이라도 그 권력을 견제할 수 있으므로 농민의 이익을 침해할 수 없다. 만일 농민이 조직을 형성할 수 없다면 설령 민선 간부라도 농민 이익을 침해하는 권력남용이 가능하다. 따라서 농민조합은 민주정부 하에서도 농민의 권리 보호를 위해 필요한 자치조직이라는 것이다.

다음으로 민주정부, 비정부조직(NGO), 농민조합의 관계에 관한 친후이의 생각을 살펴보자. 현재 많은 사람들이 정부에 의존하여 공익을 추구하는 것에 한계가 있다고 여긴다. 정부가 제공하는 공공재가 부족하기 때문에 비정부조직을 통한 보완이 필요하므로 인권, 환경, 녹색운동, 평화 등을 다루는 비정부조직이 발전하는 추세다. 이런 NGO가 추구하는 것은 구성원의 이익보호가 아니라 '공공이익'을 대변하는 것이다. 많은 사람들이 비정부조직에 대한 기대가 높은데, 이런 조직은 이익집단이 고도로 발전한 상황을 기반으로 할 때 성장할 수 있는 민간조직이다. 만일 자기 이익도 제대로 보호하지 못하는 상황이라면, 어떻게 타인의 이익을 보호할 수 있겠는가? 농민조합도 없는 상황에서 더욱 높은 수준의 비정부조직 형성은 너무나 낙관적인 생각이다.

자치(自治)가 왜 민주(民主)보다 중요하고, 자유(自由)가 왜 더 중요한가? 중국에서 농민조합 결성이 왜 필요한가? 농민조합은 결사의 자유를 누려야 하며, 농민조합을 조직하여 다른 이익집단과 협력하여 단체협상을 해야 한다. 익숙한 사람들끼리의 작은 공동체는 권리와 책임보다 더욱 중요한 것이 윤리적 구속하의 자치(自治)이다. 작은 공동체일수록 사람들 사이의 오래된 상호신뢰와 윤리관계가 더욱 강하며, 권력과 책임이 하나로 융합될수록 민주 제약의 필요성은 더욱 적어진다. 가정과 마찬가지로 향촌 사회 역시 민주가 좋지만, 민주가 없어도 큰 문제가 없다. 발전의 수준이 낮은 농촌에서 중요한 문제는 민주나 비민주가 아니다. 민주가 필요한 것은 모르는 사람들이 모여 사는 큰 사회이다. 민주제도는 실제로 서로 모르는 사회에서 권리와 책임을 결정하는 하나의 운영방식이다. 민주는 만능이 아니며 현급 이상의 단위에 적합하며, 촌급에서 발전을 위해 효과적인 것은 민주보다 자치(自治)이다. 예컨대 향진에서 농민의 권리는 어떻게 구현되는가? 향진장(鄕鎭長)을 직접 선거하는 것보다 중요한 것이 농민조합을 조직할 수 있는 권리이다. 농민조합이 있어야 농민의 이익을 대표하고 정부와 의사소통하고 단체협상을 할 수 있다. 농민조합은 향촌 거버넌스(鄕村治理)의 좋은 방법이다. 농민조합은 큰 행정비용의 부담없이 농민의 권리를 보장할 수 있는 방법이다. 농민은 농민조합을 통해 지방정부와 단체협상하고, 더 나아가 상급정부에 청원할 수도 있다. 농민조합은 향진장 직선제보다 필요하고 좋은 것이다.

그렇다면 중국 농촌에서 농민조합의 역할은 무엇인가? 친후이에 의하면,

농촌에서 진성한 도전은 농민조합이 아니라 다른데 있다. 통계에 의하면 농민의 70%가 상방(上訪) 전에는 중앙은 공정하고 문제는 지방에 있다고 여긴다. 그러나 간혹 상방으로 문제를 해결하지 못하고 보복을 당하기도 한다. 그 후 일부 사람들은 상급 정부에 문제가 있다고 인식하고 체제에 대한 신뢰가 약해지고, 심지어 집단저항으로 대응하기도 한다. 농민이 농민 조합을 통해 협상함으로써 농민과 지방간부가 협력하는 것이 기층에서 문제를 해결하는 데 효과적이다. 농민조합은 농민이 집단저항으로 대응하는 것을 사전에 예방하는 방법 중 하나이다.

다음으로 농민공(農民工) 문제와 농촌 문제는 어떤 관계가 있는가? 친후이는 다음과 같이 주장한다. 중국의 농촌문제는 농촌에 있는 것이 아니라 도시로 들어온 농민공 문제라는 시각이 있다. 농민문제는 농촌의 문제가 아니라 그들이 어디에 있든지 상관없이 호적상 농민들의 문제이다. 문제의 본질은 농민의 권리 억압이다. 新농촌건설이 실제로 효과가 있으려면 권리를 농민에게 주어야 한다. 농민이 도시진입을 원하면 도시에서 시민으로서의 권익을 보호해야 한다. 만일 농민이 농촌에 있길 원하면 농촌에서 농민의 권익을 보호해야 한다. 농민 권리를 인정하지 않는 도시화나 반(反)도시화 모두 농민 이익을 침해하는 것이다. 농민공 문제 해결을 위해 정부가 농촌주택에 보조금을 지원하는 것 외에 도시 농민공에게도 저렴한 임대주택을 제공하는 것이 매우 중요하다. 중국의 진정한 문제는 삼농문제가 아닐지도 모른다. 중국은 농업, 농촌문제가 핵심이 아니라, '농민문제'가 중국 문제의 관건이다. 농민문제란 농민을 어떻게 대우하느냐이다. 그런데 농민 중 상당수가 도시에 거주하는 농민공을 고려하지 않고는 농민 문제를 해결할 수 없다. 도시의 농민공문제는 바로 농민 문제이기 때문이다.[2]

친후이는 '공동 최저선(共同底線)'을 강조하는데, 공동 최저선이 실현된 후 자유방임 혹은 복지국가 중 어떤 체제를 지향해야 하는가? 친후이는 자유와 평등이라는 고상한 이상을 동시에 실현할 수는 없다고 본다. 『왜 미국에는 사회주의가 없는가?』라는 저서를 통해 친후이는 미국과 유럽이 서로 다른 체제를 선택한 역사적 배경을 설명했다. 자유경쟁의 관념은 유럽보다 미국에서 더 환영받고, 사회주의는 유럽에서 영향력이 더 강하다. 그 원인은 미국 역사에서 출발하는데, 미국은 일종의 공정한 경쟁의 공간이 있었기 때문에 사람들은 자연스럽게 자유경쟁이 좋다고 여겼다. 반면 유럽의 출발점은 봉건 사회이므로 기회가 소수에게 독점되었기 때문에 유럽인들은 자유경쟁을 믿지 않고 공평한 분배제도를 희망했다. 친후이의 고전적 자유주의 입장에 의하면 중국은 현재 상황에서 자유경쟁을 확대해야 한다. 그러나 이것이 소수 귀족의 공공재산을 모두 빼앗기고, '처음부터 다시' 자유경쟁을 하자는 것은 아니다.[3]

　친후이는 시장경제의 자유경쟁 과정에서 사유화된 것은 모두 사유재산으로 합법화해야 한다고 본다. 그는 경제의 시장화가 중국이 나아갈 유일하고 올바른 길이며 어떻게 국유자산을 공평하게 분배할 것인가에 대해 경쟁적인 권력의 독점을 배제하고 과정의 공정을 이루어야 한다고 강조한다.[4] 친후이는 시장의 자유로운 경쟁을 보장하기 위해서는 규칙의 공정성이 만들어져야 하고 재산의 획득과 양도 역시 공정성이 지켜져야 한다고 강조한다. 중국에서 재산의 불평등은 권력과 시장이 결탁한 결과이며 시장은 출발의 공정성이 보장되지 않는다. 따라서 친후이는 기회가 평등하고 공평한 경쟁이 보장되는 분배, 국유자산을 공평하게 판매하고 그 판매액을 사회보장과 공익기금으로 사용하는 제도 형성을 강조한다.

　중국이 만일 권력 귀족의 사유화를 먼저하고 민주화를 나중에 한다면, 민주화 과정에서 다음과 같은 문제가 발생할 것이다. 분배가 심각하게 불공정하고 재산권 구조 역시 매우 모호해지면, 재산권 투명화를 요구하는 강렬한 사회적 요구가 있을 것이다. 그 때 '고전적 자유주의'는 어떻게 할 것인가? 이런 요구를 진압하면 어떤 민주 자유도 있을 수 없다. 현재 재산권 재분배 조정에 반대하고 민주정치 과정에서의 경쟁을 인정하는 것은 나로드니키 (Narodniki : 인민주의)주의자에 불과하다.[5] 이런 상황 하에서는 '재분배 조정'으로 보완하는 방법을 선택해야 한다. 현재 "권력으로 재산을 마음대로 하는 것"에 반대하고, 과거로의 회귀도 반대하며, 재분배 조정으로 보완하는 것이 최선이라 본다. 물론 이런 재분배 상황 하에서의 전제는 헌정민주이고, 재분배를 이유로 전제국가 권력이 확대되는 것에는 반대한다. 친후이는 이런 점에서 민주 복지국가를 지지한다.[6] 그는 강제적으로 공적 재산을 사유화하는 것을 반대하는 동시에 강압적으로 사적 재산을 공유화하는 경제민주에도 반대한다. 그는 민주적 방식으로 출발의 평등과 과정의 공정이 견지되어야 함을 강조한다.

친후이는 국가와 시장의 관계, 국가의 역할에 대해 어떻게 보는가? 그는 국가권력이 시장경제 전환기에 계획·복지 등의 정책을 통해 여전히 경제에 개입하는 것의 문제점을 지적하고, 국가의 규제를 완화하고 역할을 축소하여 시장경제를 확립해야 한다고 주장한다. 국가가 시장과 기층사회에 대해 과도하게 개입하는 것은 결국 시장과 개인의 자유를 억압한다는 것이다.[7] 그는 중국 좌·우파의 비민주적 관행 및 중국정부의 무책임을 다음과 같이 비판했다. 서구의 좌·우파는 모두 민주적 무대 위에서 활동하지만, 중국의 좌·우파는 비민주적 무대에 올라가 있다. 중국의 좌·우파 모두 '황상(皇上)'을 고려하고, 백성을 고려하지 않는다. 이것은 '도덕을 질책'해야 하는 문제가 아니라 생존하는 무대가 다르다는데 문제가 있다. 중국 좌·우파의 역할은 서구와 정반대이다. 중국의 좌파는 국가가 국민들을 상대로 돈을 거두어들이도록 독려하고, 돈을 징수하지 않는 것은 '신자유주의'라고 비판한다. 중국의 우파는 국가는 국민들을 위해 돈을 쓸 필요가 없고, 돈을 쓰는 것은 나쁜 '복지국가'라고 주장한다. 중국 정부는 '사회주의적 권력'을 쥐고 있지만, 단지 '자본주의적 방식의 책임'만을 진다. 오히려 서구의 정부는 '자본주의 방식의 권력'을 쥐고 있지만, '사회주의 방식의 책임'을 지려한다.

친후이는 시장경제 개혁이란 백성이 "시장(市長)을 찾지 않고 시장(市場)을 찾도록"하는 것이라고 말한다. 시장경제란 정부권력을 제한하는 것이므로, 시장경제 하에서 시장(市長)은 백성을 수시로 괴롭히기 어렵다. 그러나 문제는 시장경제 하에서 시장(市長)은 무엇을 하여야 하는가이다. 시장(市長)은 백성에게 서비스를 제공해야 하는데, 백성이 시장(市長)을 찾을 수 없다면 어떻게 되는가? 백성이 시장(市長)을 찾으면 시장(市場)으로 내쫓으면서, 시장(市長)은 수시로 백성을 찾아 세금을 거두어들인다. 그러나 백성은 시장(市長)을 찾아 복지를 요구할 수 없는 것이 중국의 상황이라는 것이다.[8]

또한 친후이는 최근 많은 사람들이 주목하는 '중국 모델'을 다음과 같이 비판한다. 현재 중국모델의 특징은 정부의 수중에 돈이 많다는 것이다. 지방 정부의 호화로운 청사를 보아도 이를 알 수 있다. 중국의 좌파는 정부 권력을 쉽게 확대할 수 있지만, 책임을 묻기는 어렵다. 우파는 어떤가? 정부의 책임을 전가하기는 쉽지만, 정부 권력을 제한하기는 어렵다. 거대한 재력과 권력을 지닌 정부의 투자가 많아질수록 독점 부문의 이익추구가 강화되고 이것은 양극분화를 가속화시킬 수 있다. 주민들의 소비를 위축시켜 내수부족으로 이어지는 것이 권력집중의 위험이다. 이것이 서구와 다른 중국모델이라는 것이다.[9]

정리하면, 친후이는 농민 및 농촌을 연구해 온 역사학자로서 중국의 정치 발전에 관한 큰 그림은 다소 모호한 편이다. 다만 농민문제 해결 차원에서 농촌의 작은 공동체에서는 민주보다 중요한 것이 농민 자치, 농민 자유, 농민 권리 보호라고 주장하는 '농촌자치공동체주의자'라고 볼 수 있다. 요컨대 그의 주장은 다음과 같이 압축해볼 수 있다. 첫째, 중국 농촌에서 촌장 직선제에 의한 촌민자치가 실시되고 있을지라도 농민의 권리보호를 위한 자치조직으로서 농민조합(農會) 결성이 민주보다 중요하다. 둘째, 중국 농촌의 문제는 바로 '농민문제'이며 농촌에 거주하는 농민 외에 도시에 거주하는 농민공 문제에도 정부가 관심을 갖고 정책적 대응을 해야 한다. 셋째, 시장경제와 국가의 역할에 관해서는 국가의 시장 개입을 비판하고, 시장경쟁은 기회가 평등하고 공평한 경쟁이 보장되는 제도를 만들어야 한다. 아울러 그는 중국 좌·우파의 비민주적 관행 및 중국 정부의 무책임을 비판하고, 중국모델이 중국사회의 양극분화를 부추기고 있음을 지적한다. 중국의 심각한 양극분화를 해결하기 위해 중국정부가 헌정민주를 전제로 하여 '재분배 조정'을 단행해야 한다고 그는 제안한다.

류샤오보(劉曉波)의 '자유민주주의론'

　중국에서 2008년 12월 '자유민주주의'에 기초한 정치개혁을 요구하는 '08 헌장(憲章)'이 발표되었다. 중국정부는 '08 헌장' 발표를 주도한 류샤오보를 '국가 전복 선동 혐의'로 2008년 12월 체포했다. 류는 2009년 12월 25일 베이징 인민법원에서 징역 11년형을 선고받고, 랴오닝(遼寧)성 진저우(錦州) 교도소에서 복역 중이다.[1] 2010년 10월 류샤오보가 노벨상을 수상하게 된 결정적 계기는 2008년 12월 공산당 일당독재 해체 등 서구식 민주화 요구를 담은 '08 헌장'을 주도했기 때문이다. 노벨위원회의 노벨평화상 선정 이유를 보면, "류샤오보는 1989년 6·4 톈안먼 민주화 운동에 참여했고, 2008년 서구식 3권 분립과 인권, 민주화를 요구하는 '08 헌장'의 주요 저자였다"라고 밝혔다.

　이 글에서는 '08 헌장'의 정치개혁안을 중심으로 류샤오보의 '자유민주주의'를 소개하고, 그의 민주관을 '자유주의자의 정치개혁안'과 중국 정부의

'중국식 민주'와 비교해보고자 한다. '08 헌장'은 교수·변호사·작가·언론인·의사 등 303명이 "정치적 자유, 사법부 독립, 인권보장" 등의 내용을 담은 19개항을 중국 당국에 요구한 것이다. 류샤오보를 '노벨평화상 수상자'로 만든 '08 헌장'에서 요구한 민주개혁의 구체적 내용은 무엇인가? 왜 중국 정부는 '08 헌장'을 공산당 일당체제에 도전하는 것으로 보는가?

'08 헌장'의 기본 주장은 다음과 같다. ① 헌법은 개인과 정당을 초월한 국가 최고 법률로서 주권재민 원칙에 어긋나는 부분은 수정해야 한다. ② 입법 사법 행정 3권 분립 보장 ③ 정기적 자유경쟁선거에 의한 각급 입법기관 구성 ④ 공산당의 군대가 아니라 국민의 군대로 전환 ⑤ 공안, 검찰, 법원을 관할하는 정법위원회(政法委員會) 폐지 ⑥ 언론·출판·집회·종교·결사의 자유, 파업 및 시위의 자유 보장 ⑦ 사유재산 보호와 토지 사유화 ⑨ 정부의 공권력 남용과 인권침해 방지 등을 요구했다.[2] 이 내용 중 '헌법개정', '정기적 자유경쟁선거를 통한 대표 선출', '인권 보호', '사법독립을 위협하는 중공의 각급 정법위원회 폐지', '국민 이익을 보호하는 군대' 등은 중국 공산당의 영도를 부정하는 내용으로 볼 수 있다. 물론 08헌장에서는 공산당 일당체제를 부정하는 '다당제'를 직접 주장하지는 않았지만, 정기적 자유경쟁선거에 의한 대표 선출은 공산당 일당체제의 종식과 다당제로 이어질 수밖에 없다는 점에서 다당제 주장을 내포하고 있다고 해석할 수 있다. 공산당 일당체제라는 상황 하에서 보다 많은 지식인의 서명을 끌어내기 위해 정치적으로 가장 민감한 이슈인 '다당제' 요구를 직접 표명하지 않은 것으로 풀이된다.

08 헌장에서 제시된 '민주'에 의하면, 주권은 국민과 국민이 선출한 정부에 있다. 즉 ① 정권의 합법성과 정치권력은 인민으로부터 나온다. ② 정치적 통치는 인민의 선택을 통해서만 가능하다. ③ 공민이 진정한 선거권을 가지며, 각급 정부의 주요 공무원은 정기적인 선거를 통해서 선출된다. ④ 다수의 결정을 존중하는 동시에 소수의 기본인권을 보호해야 한다. 결국

민주란 정부가 국민의, 국민에 의한, 국민을 위한 정치를 실현하는 현대정치
체제이다.[3] 이런 민주 주장에 의하면, 정부의 정통성은 국민이 선거를 통한
대표를 선출하는 것에서 나오기 때문에 국민들이 선출하지 않은 공산당의
통치는 정통성이 없다는 것이다. 따라서 이러한 논리에 따르면 공산당 일당
체제 유지와 정통성 확보를 지향하는 중국 지도부로서는 08 헌장의 '민주'를
받아들일 수 없다. 류샤오보는 일당 독재정권의 특권을 없애기 위해 집권당
의 정치를 인민에게 돌려주는 개혁을 요구했다. 류샤오보의 정치적 주장의
최대 목표는 '자유민주의 연방공화국'을 세우는 것이다. 그는 민간의 자주성
을 강화하고 시민사회를 발전시켜 아래로부터의 압력을 통해 정부개혁을
추진하려 했다고 볼 수 있다.

류샤오보의 '08 헌장'은 중국내 자유주의자의 정치개혁안을 상당 부분
수용했다는 점에서 그의 민주는 자유 민주주의에 기초하고 있다고 하겠다.
자유주의자들의 정치개혁 구상을 살펴보면 08헌장과의 유사성을 확인할 수
있다. 1990년대 후반 신좌파와 논쟁을 통해 위축되었던 자유주의가 다시
등장한 후 아래로부터의 정치개혁 논의가 자유주의 지식인을 중심으로 제시
되었다. 자유주의자들은 국민의 기본권 보장, 정치참여 확대, 절차적 민주주
의를 주장하며 현 체제의 대안으로 자유민주주의를 제시하기 때문에 중국에
서 반체제 지식인으로 분류되어 탄압받아 왔다. 중국의 대표적인 자유주의자
로는 차오쓰위안(曹思源), 친후이(秦暉), 주쉐친(朱學勤), 류쥔닝(劉軍寧), 쉬여
우위(徐友漁) 등을 들 수 있다.

정치발전을 '민주화'로 해석하는 자유주의자들에 의하면, 민주주의는 '정
기적 자유경쟁선거'를 통해 주요 공직자를 충원하는 정치체제이다. 민주주
의는 선거 민주주의와 더불어 국민의 포괄적 정치참여와 언론·출판·집
회·종교·결사의 자유를 보장하는 정치체제이다. 예컨대 차오쓰위안의 정
치개혁안에 따르면, 첫째, 삼권(입법, 행정, 사법)분립에 더해 여론권을 포함한
4권 분립을 해야 한다. 4권 분립의 방안으로 인민대표대회 강화, 대통령

직선제, 공산당이 사법부를 통제하는 수단인 정법위원회 해체 등을 강조한다. 둘째, 국민의 정치 참여가 가능하도록 선거제도를 개혁하고 선거는 평등한 참여, 정기적 실시, 자유경쟁을 보장해야 한다. 셋째, 정당제도를 개혁하여 다당제를 도입해야 한다. 또한 현재의 공산당의 군대를 국가의 군대로 바꾸어야 한다는 것이다.[4]

다당제와 삼권분립을 요구하는 자유주의자들의 주장은 공산당 일당체제를 부정하는 것이기 때문에 중국 정부의 강력한 탄압을 받아 왔다. 류샤오보가 주도하여 발표한 '08 헌장' 역시 '선거민주주의'와 '자유민주주의'를 중국의 민주로 제시하고 있다는 점에서 자유주의자의 정치개혁 구상과 유사하다. 예컨대 '08 헌장'의 핵심 내용에 해당하는 3권 분립, 정기적 자유경쟁선거, 정법위원회 폐지, 군대의 국가화, 언론출판의 자유 등은 차오스웬의 주장과 매우 비슷하다.

한편, 쉬여우위와 류쥔닝 등의 자유주의자들은 사적 재산권 보장, 자유경쟁, 시장에서의 공정한 경쟁과 신뢰를 강조한다. 류쥔닝의 정치개혁안에 따르면, 첫째, 정치개혁의 목표는 정부가 국민의 재산권과 경영의 자유를 인정하고, 민영경제를 발전시켜 국가독점을 타파하는 것이다. 둘째, 경제의 국가독점 타파를 기초로 정치개혁은 안정적이고 효율적이며 공정한 법률제도를 수립하고 사법부의 독립을 실현하는 것이다. 셋째, 계획경제의 실패와 시장경제의 도입은 정부역할의 근본적 전환을 요구하는데, 변화된 정부의 우선임무는 사적 재산권을 보장하는 것이다.[5] '08 헌장'에서 제시된 '사유재산보호와 토지 사유화'는 류쥔닝의 주장과 일치한다. 이처럼 '08 헌장'은 자유주의자들의 정치개혁 구상을 기초로 만들어진 것이다.

또한 '08 헌장'과 자유주의자들은 언론·출판·집회·종교·결사의 자유를 보장하는 정치체제를 추구한다. 이런 주장은 '사회 안정을 위해 언론은 통제될 수 있다'는 중국 정부의 입장과 강하게 대립되는 지점이다. 예를 들어 중국정부는 〈런민일보(人民日報)〉 논평기사 '언론·출판 자유를 어떻게 볼 것인가'에서 사회 안정을 위협하는 언론자유는 용인할 수 없다고 밝혔다.[6] '08 헌장'이 요구하는 언론의 자유는 중국에서 허용되지 않고 있다. 중국정부는 2010년 노벨평화상 수상 및 류샤오보에 대한 보도를 철저히 금지하고, 인터넷 검열을 강화함으로써 언론통제 국가라는 비난을 받았다. 예를 들어 바이두(百度, www.baidu.com), 시나(新浪, www.sina.com) 등 중국 포털 사이트는 류의 수상 발표를 앞둔 2010년 10월 7일부터 그와 관련된 기사 및 블로그를 차단하였다. 바이두에서 '류샤오보'나 '노벨평화상' 검색어를 입력하면 '관련 법률과 정책에 부합하지 않는다'며 검색이 되지 않았다. 휴대전화 문자 메시지에도 '류샤오보'를 입력하면 전송이 되지 않았다.[7] 노벨상 시상식 당일에도 중국정부의 검열강화로 중국에서 미국 CNN, 영국 BBC 등 외국 주요 언론 웹 사이트, 노벨상 위원회 홈페이지 접근이 차단되었다.[8]

2009년 12월 23일 류샤오보가 11년의 형을 선고받기 직전 작성한 〈자기변호〉를 보면, 그는 언론자유가 바로 인권보호라고 생각하고 있다. 예컨대 "2004년 중국 전국인대는 헌법을 개정하는 과정에서 '국가는 인권을 존중하고 보장한다'라는 조항을 넣었다. 인권은 중국 헌법 제35조에서 규정한 공민의 권리이며, 언론의 자유는 인권 중 하나이다. 다른 정치적 의견을 표명하는 것은 헌법이 부여한 중국 공민의 언론 자유를 행사하는 정당한 행위이므로 정부가 나의 권리를 제한하거나 강제로 박탈할 수 없다. 나를 기소하는 것은 중국 공민의 인권을 침해하고 중국의 헌법을 위반하는 언론탄압이다"라고 쓰고 있다.[9] 또한 "나는 나의 조국이 서로 다른 가치·이념·신념·정치적 관점이 평화롭게 공존할 수 있는 국가로서 '표현의 자유'를 지닌 지역이 되길 희망한다. 모든 정치적 관점이 공개된 상황에서 사람들이 자유롭게 선택할 수 있으며, 모든 시민이 두려움 없이 정치적 관점을 말할 수 있길 희망한다. 정부와 다른 정치적 관점을 제기했다는 이유로 누군가가 정치적 박해를 당하지 않길 희망한다. 표현의 자유는 인권의 기초이며, 인간존엄의 근원이다. 언론의 자유를 억압하는 것은 인권을 유린하는 것이다"라고 말한다.[10] 이처럼 헌법 규정을 근거로 류샤오보는 자유민주주의를 제시한 '08헌장'은 인권 보호 및 언론자유라는 맥락에서 볼 때 합법적 행동이라 주장한다. 그러나 중국정부의 입장에서 보면, 류의 주장은 서구의 자유 민주를 지지하는 것이며 정치적으로 민감한 이슈를 건드리는 것이다.

한편, 류샤오보의 08 헌장은 중국에서 서구식 민주화와 인권을 제기했다는 점에서 중국 밖에서는 매우 주목을 받았지만, 중국 국내에서 대중과의 폭넓은 연대를 끌어내는 것에는 실패했다고 볼 수도 있다. 그 원인은 무엇인가? 예컨대 자유주의자로 알려진 칭화대학의 친후이 교수는 '08 헌장'을 다음과 같이 비판하며 서명하지 않았다. 첫째, 방법상으로 현재 중국 내외의 상황이 민주화를 공세적으로 제기하기 부적합하다. 둘째, 헌장의 내용이 지나치게 정치적 자유와 민주화에만 초점을 맞추었고, 사회경제적 권리에 대한 언급이 거의 없다. 친후이의 비판에서도 알 수 있듯이 '08 헌장'은 중국 정치개혁의 방향을 제기하고 있는 면에서 의미가 있지만, 계층간·지역간 불평등이 가장 심각한 사회문제인 중국 현실을 고려할 때 정치적 민주화만으로는 대중적 지지를 획득하는데 한계가 있다고 하겠다.

요컨대 중국정부가 제시하는 정치개혁 구상인 '중국식 민주'는 공산당 일당체제 유지, 제도화를 통한 정치발전, 점진적 민주를 제시하기 때문에 08 헌장의 류샤오보의 민주와 공존할 수 없다. 즉, '중국식 민주'는 국민의 정치참여보다 '정치안정'을 중시하고, 민주화 대신 '제도화,' 서구식 민주 거부, 점진적 민주화 등을 강조한다. 반면 '08 헌장'은 국민의 정치참여, 제도화 대신 민주화, 서구식 선거 및 자유 민주, 급진적 민주화 등을 주장한다는 점에서 '중국식 민주'와의 타협이나 공존의 여지가 없다.

'서구의 자유민주주의'를 주장하는 류샤오보의 노벨상 수상으로 중국 체제의 정당성에 대한 의문이 강하게 제기되었다. 예컨대 자오쯔양 前총서기의 비서였던 바오퉁(鮑彤) 역시 자유민주주의 관점에서 중국의 권위주의 체제를 다음과 같이 비판했다. "공산당 통치하에서 입법·사법·행정 분야는 공산당의 결정에 따른다. 모든 언론매체는 정해진 지침을 따라야 한다. 사상·종교·표현·집회의 자유와 시위 및 항의 권리가 헌법에는 보장되어 있으나, 현실에서는 종교 및 정치적 신념으로 인해 감옥에 가는 것이 일반적이다. 이것이 바로 '중국모델'이다."[11] 이런 비판은 '민주와 인권'을 거부하는 중국의 이미지를 강조하는 것으로, 중국적 이념이나 가치(소프트 파워)에 대한 신뢰를 약화시킬 수 있다.

그동안 중국정부는 정치개혁은 유보하고 경제개혁에만 치중해 왔고, 정치개혁 논의도 '서구식 민주'를 거부하고 '중국식 민주'만을 강조해 왔다. 그러나 서구식 민주와 인권의 상징인 류샤오보가 노벨상을 수상하는 것을 계기로 국제사회가 자유 민주, 선거 민주, 인권 보장을 중국에 요구하고 있다. 세계 강대국으로 도약하려는 중국이 국제사회의 이런 압력을 완전히 무시하기는 쉽지 않을 것이다. 특히 중국은 G2라는 경제적 지위에 부합되는 국제적 지위를 인정받고 그 영향력을 행사하고자 한다. 이를 위해서는 국제사회의 평가 기준을 어느 정도 수용하여 보다 설득력 있고 매력적인 정치체제 및 이념을 제시함으로써 소프트 파워를 강화할 필요가 있을 것이다.

1부
사회주의에서의 민주주의를 고민하다

가오팡(高放)의 '사회주의다당제론'

1 "論社會主義國家的政黨制度: 關於社會主義多黨制之我見", 『政治學研究』 1987年 4期. 高放, 『中國政治體制改革的心聲』(重慶: 重慶出版社), pp.316~329에 수록.

2 위의 책, pp.320~322를 참조하라.

3 가오팡은 이후 1988년 半官 정치개혁 싱크탱크 기구인 '중국 정치체제 개혁 연구회'의 부회장을 맡아 활동하게 된다. 가오팡의 초기 사회주의다당제 주장은 결과적으로 1990년대 이후 중국의 다당합작제 기구인 중국인민정치협상회의가 실질적인 기능을 회복하는데 큰 기여를 한 것으로 보인다.

4 "再論社會主義國家的政黨制度: 關於社會主義多黨制之新見", 『浙江社會科學』 2000年 1期. 高放, 『中國政治體制改革的心聲』(重慶: 重慶出版社), pp.330~354에 수록.

5 毛澤東, "論十大關係"(1956/4/25), 『新華網』
(http://news.xinhuanet.com/ziliao/2004-12/30/content_2393996.htm)

6 "中共中央關於堅持和完善中國共産黨領導的多黨合作和政治協商制度的意見"(1989/12/30), 『新華網』 (http://news.xinhuanet.com/ziliao/2005-02/21/content_2600060.htm)

7 모리스 마이스너, 『마오의 중국과 그 이후1』(서울: 이산), pp.103~104.

8 "三論社會主義國家的政黨制度-關於社會主義多黨制之近見", 『探索』 2010年 2期. pp.46~52.

왕구이슈(王貴秀)의 '사회주의 삼권분립론'

1 왕구이슈는 1986년부터 2003년까지 발표했던 정치체제개혁 관련 논문을 모아 『중국정치체제개혁의 길(中國政治體制改革之路)』(河南人民出版社 2004)이란 책을 출판하였다. 2002년 이후 그의 주요 논문 및 인터뷰내용은 中國選擧與治理網(http://www.chinaelections.org/scholar.asp?scholarID=84)에 정리되어 있어 이를 참고하면 유용하다.

2 王貴秀, 『中國政治體制改革之路』(河南人民出版社 2004), p.71.

3 王貴秀, "政治體制改革爲何不能緩行", 『半月談』, 2000年 第11期, 第12期.

4 "中央黨校教授認爲政治體制改革最大阻力由權貴旣得利益階層製造",『現代快報』, 2010年 10月 13日.

5 "王貴秀: 對60年來民主建設的"知""行"反思",『學習時報』, 2009年 11月 9日.

6 王貴秀, 孫展, "黨內三權分立是黨內民主的重要一環",『新聞週刊』, 2004年 1月 26日.

7 王貴秀, "改革和完善黨的代表大會制度的幾點思考",『紅旗文稿』 2003年 15期, pp.16~18.

8 현재 일부 현(縣)급 정부에서 시범 운영하고 있는 당 대표대회 상설제도에 대해서도 중국 공산당은 '현상 유지'를 제창할 뿐 '심화 확대' 혹은 '전국적인 운영' 여부 등은 명시하고 있지 않다.

9 개혁개방 이후 중국 공산당 지도부의 공식 입장은 다음을 참조하라. 鄧小平, "在接見首都戒嚴部隊軍以上幹部時的講話", 中共中央文獻委員會(編),『鄧小平文選』3卷 (北京: 人民出版社 1994), p.307; 江澤民, "加快改革開放和現代化建設步伐, 奪取有中國特色社會主義事業的更大勝利: 江澤民在中國共産黨第十四次全國代表大會上的報告(1992/10/12)",『中國共産黨新聞網』(http://cpc.people.com.cn/GB/64162/64168/64567/index.html)

팡닝(房寧)의 '민족주의적 사회주의민주론'

1 대표적인 저작으로는『민주정치에 대해 열 가지를 논하다: 중국특색 사회주의민주 이론과 실천의 약간의 중요한 문제(民主政治十論: 中國特色社會主義民主理論與實踐的若干重大問題)』(北京: 中國社會科學出版社, 2007),『풀뿌리경제와 민주정치: 사회주의시장경제와 사회주의민주정치 협력 발전의 타이저우 모델 연구(草根經濟與民主政治: 社會主義市場經濟與社會主義民主政治協同發展的台州模式研究)』(北京: 社會科學文獻出版社, 2008) 등이 있다. 그는 현재 중국사회과학원 정치학연구소 부소장과 중국사회과학원 연구생원 정치학과 학과장 및 박사지도 교수를 맡고 있다. 중국 민주주의 관련된 논문들은 그의 블로그에서 볼 수 있다. http://www.caogen.com/blog/all_infor.aspx?id=57

2 房寧,『現代資本主義發展引論』(北京: 首都師範大學出版社, 1995).

3 房寧, 王小東, 宋强,『全球化陰影下的中國之路』(北京: 中國社會科學出版社, 1999).

4 2000년대 이후 팡닝의 민족주의 관련 저서로는 房寧, 王炳權, 馬利軍,『成長的中國當代中國青年的國家民族意識研究』(北京: 人民出版社, 2002), 房寧,『民族主義思潮』(北京: 高等教育出版社, 2004) 등이 있다.

5 팡닝은 〈중국의 민주정치건설 백서〉의 핵심 초안자 중 한 명으로 알려져 있다. 이를 알 수 있는 자료로 다음의 기사를 참조하라. "社科院專家 白皮書全面闡述我國民主政治建設,"『人民網』 2005/10/19. http://politics.people.com.cn/GB/1026/3783480.html.

6 "中國的民主政治建設白皮書(全文),"『新華網』 2005/10/19. http://news.sina.com.cn/c/2005-10-19/11208053056.shtml.

7 房寧, "中國的民主政治是對西方民主的揚棄,"『光明日報』 2010/9/10.

8 房寧, "資本主義民主的缺陷與社會主義民主的優勢"『光明日報』 2011/09/21.

9 房寧, "中國特色社會主義民主政治發展道路 — 中國社會主義政治改革若干思考,"『科學社會主義』 2006年 第3期.

10 房寧, "毛澤東民主思想的當代啓示,"『馬克思主義研究』 2010年 第9期, pp.5~10.

11 房寧, 『草根經濟與民主政治 ─ 社會主義市場經濟與社會主義民主政治協同發展的台州模式硏究』(北京: 社會科學文獻出版社, 2008), pp.205~209.

12 房寧, "競爭性民主形式會撕裂中國,"『紅旗文稿』 2010年 第5期, p.39.; 房寧, "政治協商是當代民主政治重要形式和主要特色,"『人民政協報』 2009/10/21.

13 房寧, 『草根經濟與民主政治 ─ 社會主義市場經濟與社會主義民主政治協同發展的台州模式硏究』(北京: 社會科學文獻出版社, 2008), pp.191~204.

14 房寧, "民主還是中國的好,"『紅旗文稿』 2009年 第2期, pp.6~11.

15 房寧, "中國民主政治建設和政治體制改革的八個觀點,"『紅旗文稿』 2009年 第21期, pp.19~21.

16 鄭酋午, "駁房寧的反民主謬論,"『吳越的BLOG』
http://blog.sina.com.cn/s/blog_475b03900102durm.html.

17 다만 팡닝의 문화대혁명 시기의 대민주에 관한 비판은 문화대혁명 대민주를 진정한 무산계급의 민주주의라고 주장하는 우여우즈샹의 네티즌들으로부터 재비판을 받고 있다. "房寧: 毛澤東民主思想的當代啓示,"『烏有之鄕網友評論』 2011/ 3/ 3.
http://www.wyzxsx.com/Article/Class17/201103/218564.html.

18 가오팡은 '사회주의민주'의 핵심인 인민민주를 실현하기 위해 지방인민대표의 직선제를 현재의 현급 단위에서 성급 단위로까지 확대 실시할 것을 주장했다. 高放, 『政治學與政治體制改革』(北京: 中國書籍出版社, 2002).

19 房寧, 『草根經濟與民主政治 ─ 社會主義市場經濟與社會主義民主政治協同發展的台州模式硏究』(北京: 社會科學文獻出版社, 2008), pp.256~265.

20 周金堂, "如何認識黨代表大會常任制,"『人民網』 2010/4/6/
http://theory.people.com.cn/GB/11296654.html.

2부
제3의 민주를 모색하다

시에타오(謝韜)의 '민주사회주의론'

1 시에타오(謝韜)는 1922년 쓰촨 즈꽁시에서 태어났다. 그는 1944년 진링(金陵)대학 사회학과를 졸업하고 1946년 중국공산당에 입당한 이후 충칭의 『新華日報』 기자를 거쳤다. 건국 이후에는 후펑(胡風) 반혁명사건에 연루되어 하방되기도 했으나 1980년에 복권되었고, 이후 『중국사회과학』 총편집인, 중국사회과학 출판사 부사장, 중국인민대학 부총장, 중국사회과학원 대학원 부원장을 거쳤다. 2010년 8월 지병으로 사망하기까지 〈묵자의 철학사상을 논함〉, 〈티벳종교문제사략〉 등의 논문을 썼다. 이후 『염황춘추(炎黃春秋)』에 많은 정치비평을 실었는데 이 글도 그중의 하나이다.

2 黃達公 編 , 『大論爭: 民主社會主義模式與中國前途 上,下』(臺北, 天池圖書, 2007)

3 李彩艶, "近來我國內關於民主社會主義的研究與爭論", 何秉孟 外編, 『理論熱點: 百家爭鳴12

題』(社會科學文獻出版社, 2010)

4 http://chinesenewsnet.com (검색일: 2001월 5월 1일)

5 "Senior CPC Official Meets West European Guests," China Daily, May 24, 2001.

딩쉐량(丁學良)의 '중국모델과 사회민주주의'

1 딩쉐량(丁學良)은 현재 홍콩과학기술대 사회과학부 종신교수이며, 저장(浙江)대학, 선전(深圳)대학, 화챠오(華僑)대학, 중난(中南)대학 초빙교수로 활동하고 있다. 1992년 미국 Harvard 대학에서 박사학위를 받은 후 하버드대학, 호주국립대 아태연구소, 카네기재단 연구원으로 일한 바 있다. 그의 주요연구분야는 비교발전과 현대화, 전환경제의 사회환경, 대학제도와 국가 · 지역경쟁력 등이다. 『중국경제 재부상(中國經濟再崛起)』『무엇이 세계일류대학인가 (什麼是世界一流大學)』『액체의 추억(液體的回憶)』『신마르크스에서 베버까지(從"新馬"到韋伯)』 등을 캠브리지대학, 옥스포드대학, 베이징대학, 렌징 출판사에서 펴냈다.

2 이 책의 번역본으로 이희옥 · 고영희 역, 『중국모델의 혁신』(성균관대학교 출판부, 2012)을 참고하라.

추이즈위안(崔之元)의 '자유사회주의론'

1 Cao Tianyu ed., 2005, The Chinese Model of Modern Development, London: Routledge에 수록됨.

2 崔之元, "非政党式競爭選擧," http://www.cui-zy.cn/.

장무성(張木生)의 '신민주주의 회귀론'

1 張木生, 『改造我們的文化歷史觀: 我讀李零』(北京: 軍事科學出版社, 2011) ; 다른 인용 자료는 다음과 같다. "我的中西歷史觀與新民主主義歷史觀", http://www.strongwindpress.com/pdfs/HKFax/No_HK2012-4.pdf; "解決中國的問題需重歸新民主主義", "再擧新民主主義大旗", http://www.xingongren21.com/xz_wz.asp?id=54

2 '三自'는 자류지, 자유시장, 손익책임을, '一包'는 포산도호(包産到戶: 농가생산책임제의 한 형태)를 의미함.

3 중국의 '토지개혁운동' 이후 농촌의 농민에게 대출, 소작, 고용, 무역의 자유를 허용하는 것을 말함.

4 경제체제개혁연구소, 농촌연구중심발전연구소, 중신(中信)공사국제문제연구소, 북경청년 경제학회를 말함.

5 그의 주장의 요지는 다음과 같다. 첫째, 신민주주의혁명은 사회 조화(和諧)를 실현하기 위한 근본적인 전제이다. 둘째, 건국이후 실책의 근원은 중국의 국정에서 벗어나서 신민주주의론을 포기하고 사회주의로의 이행을 급하게 추진한데 있다. 셋째, 사상해방이란 고착되어서도, 과거의 잘못된 유토피아식의 성명에 의해 제한되어서도 안되며, 굳건하게 신민주주의의 길을 가야한다. 장무성은 이러한 두룬성의 견해에 동의한다.

3부
중국식 민주를 새롭게 해석하다

위커핑(兪可平)의 '점진개혁식 민주론'

1 "The FP Top 100 Global Thinkers,"
http://www.foreignpolicy.com/articles/2011/11/28/the_fp_top_100_global_thinkers?page=0,18.

2 "兪可平 簡介," http://baike.baidu.com/view/579576.htm 참조.

3 閆健 編, 『民主是個好東西: 兪可平訪談錄』(北京: 社會科學文獻出版社, 2006).

4 실제 위 박사의 이런 개혁 구상은 미국에서 크게 주목받고 영어로 번역되어 소개되기도 했다. Yu Keping, Democracy Is a Good Thing: Essays on Politics, Society, and Culture in Contemporary China (Washington D. C.: Brookings Institution Press, 2011).

5 원문은 兪可平, "增量民主與善治: 對民主與治理的一種中國式理解," 兪可平, Arif Dirlik 主編, 『中國學者論民主與法治』(重慶: 重慶出版社, 2008)을 참조하라. 이 글은 원래 2002년 미국의 New Political Science에 게재된 위 박사의 논문으로 그 후 자신 및 타인의 중국정치 관련 서적에 Book Chapter 형식으로도 여러 차례 소개된 바 있는 것이다.

6 위커핑 박사가 제시한 증량민주(增量民主)의 개념은 시간적 측면에서의 점진성을 의미하는 것이 아니며, 일정 조건을 갖추게 되면 질적 변화를 추구한다는 점에서 엄밀히 따지면 점진주의적 개혁이라고 할 수는 없다. 우리말 번역의 적절한 용어를 찾기 어려워 '점진개혁식의 민주화'로 표현했지만, 편의상 이하에선 원어를 그대로 사용하고자 한다.

7 이는 위커핑 박사의 주장일 뿐 아니라 소위 '의법치국'(依法治國)의 논리 하에 이미 중국 정치체제개혁의 핵심 내용으로 추진되고 있다. 다만, 이것이 민주주의와 어떤 관계가 있는지는 논쟁의 여지가 있다. 중국의 법치에 대해서는 다음을 참조. 조영남, 『중국의 법치와 정치개혁』(파주: 창비, 2012).

8 이는 집필 당시의 통계 수치에 근거한 것으로 현재 중국 공산당원 수는 8천만 명을 넘어서고 있다.

9 이에 대해선 1990년대 이후 중국 학자들의 정치체제 개혁의 구상을 다양한 그룹으로 분류하고 그 대표적 인물과 그들의 생각을 잘 정리한 다음 자료를 참조할 것. 조영남, 『후진타오 시대의 중국정치』(파주: 나남, 2006), 제2장.

왕샤오광(王紹光)의 '인민민주론'

1 "王紹光이 民主와 選士를 말하다,"〈東方早報〉, 2009. 10. 18.

2 왕사오광(王紹光) 지음, 김갑수 옮김, 『민주사강』(서울: 에버리치홀딩스, 2010), pp.67~126 참조.

3 왕사오광(王紹光) 지음, 김갑수 옮김, 『민주사강』, pp.367~371 참조.

4 "王紹光이 民主와 選士를 말하다,"〈東方早報〉, 2009/10/18.

집필진(원고 게재 순)

이희옥李熙玉 | 성균관대학교 정치외교학과 교수, 성균중국연구소 소장

장윤미張允美 | 성균관대학교 동아시아학술원 연구교수

김도희金都姬 | 한신대학교 중국지역학과 교수

이문기李汶紀 | 세종대학교 중국학과 교수

이민자李民子 | 서울디지털대학교 중국학부 교수

이종화李鍾華 | 목원대학교 중국학과 교수

이홍규李弘揆 | 동서대학교 국제관계학과 교수

전성흥全聖興 | 서강대학교 정치외교학과 교수

중국의 민주주의는 어떻게 가능한가: 중국의 논의

1판 1쇄 인쇄 2013년 4월 20일 | 1판 1쇄 발행 2013년 4월 30일

책임편집 이희옥 · 장윤미 | **편집인** 신승운, 성균관대학교 동아시아학술원 02) 760-0781~4
펴낸이 김준영 | **펴낸곳** 성균관대학교 출판부 02) 760-1252~4 | **등록** 1975년 5월 21일
주소 110-745 서울특별시 종로구 성균관로 25-2 ⓒ 2013, 성균관대학교 동아시아학술원

값 12,000원   ISBN 978-89-7986-997-2 94340   978-89-7986-832-6(세트)

본 출판물은 2007년 정부(교육과학기술부)의 재원으로 한국연구재단(구 학술진흥재단)의
지원을 받아 수행된 연구임(NRF-2007-361-AL0014)